गाँठ से गंतव्य तक

स्काउटिंग का स्वर्णिम सोपान

सौमित्र चन्द्र पाण्डेय

Made with ♥ on the Notion Press Platform
www.notionpress.com

यह कृति

मेरी उस मातृ संस्था के नाम, जहाँ "गाँठ" बांधना नहीं, अपितु जीवन का सूत्र बांधना सिखाया गया।

N.E. Railway Senior Secondary School, Gorakhpur

ज्ञान के उस पावन परिसर को, जिसने मेरे भीतर सेवा, साहस और चरित्र-निर्माण के प्रथम बीज बोए; जिसने मुझे यह स्वर्णिम सोपान चढ़ने की प्रेरणा दी; जिसने मुझे यह बोध कराया कि स्काउटिंग केवल एक गतिविधि नहीं, अपितु जीवन जीने की कला है।

मेरे सभी गुरुजनों, स्काउट मास्टरों और सहपाठियों को, जिनके मार्गदर्शन और सहयोग के बिना यह यात्रा संभव नहीं थी।

आपके स्नेह और शिक्षा को सादर समर्पित।

क्रम-सूची

प्रस्तावना vii

भूमिका ix

आमुख xi

1. स्काउटिंग की आधारशिला 1
2. स्काउटिंग के नायक : बेडेन पॉवेल 3
3. भारत में स्काउटिंग का इतिहास और भारत स्काउट्स एवं गाइड्स (BSG) 5
4. प्रगतिशील प्रशिक्षण 8
5. नैतिक आधार—स्काउट प्रतिज्ञा और नियम 14
6. ध्वज प्रतीक और चिह्न 17
7. राष्ट्रगान, प्रार्थना और झंडा गीत—संगीत के माध्यम से निष्ठा 23
8. स्काउट कार्यक्रम (Scout Programme) 25
9. गाइडिंग कार्यक्रम—बालिका के सर्वांगीण विकास का सोपान 31
10. गाँठ से गंतव्य तक : गाँठों, फांसों और बंधनों का विज्ञान 40
11. प्राथमिक चिकित्सा : जीवन रक्षा का प्रथम सोपान 44
12. सिग्नलिंग (संकेत कला) : संवाद का अदृश्य विज्ञान 47
13. दिशा और दूरी : मैपिंग, कंपास और दिशा-ज्ञान का विज्ञान 50
14. कैंप क्राफ्ट और पायनियरिंग प्रोजेक्ट्स : आत्मनिर्भरता और सामूहिकता का उत्सव 53

प्रस्तावना

जब भी मैं अपनी जीवन-यात्रा पर पलटकर देखता हूँ, तो एक बात हमेशा स्पष्ट दिखाई देती है— स्काउटिंग केवल एक पाठ्येतर गतिविधि (extracurricular activity) नहीं थी, बल्कि मेरी पूरी शख्सियत की नींव थी।

अगर आज मैं किसी भी चुनौती का सामना मुस्कुराहट के साथ कर पाता हूँ, तो उसका श्रेय उन्हीं दिनों को जाता है जब मैं एक छोटे से रुमाल और एक मजबूत लाठी के साथ मैदान में खड़ा होता था। यह किताब उसी आत्मीय अनुभव का निचोड़ है, जो मैंने मैदान की धूल से लेकर जीवन के बड़े मंच तक सीखा।

यह मेरी कोशिश है कि आप तक उस ज्ञान को पहुँचा सकूँ जो सिर्फ किताबों में नहीं, बल्कि हाथों से काम करने और दिल से महसूस करने से मिलता है।

इस शीर्षक के पीछे की कहानी: गाँठ से गंतव्य तक

हमारी पुस्तक का शीर्षक है: "**गाँठ से गंतव्य तक : स्काउटिंग का स्वर्णिम सोपान**"। यह कोई फैंसी जुमला नहीं है, बल्कि स्काउटिंग के सफर का सार है।

'गाँठ' (Knot): सोचिए, हम सबसे पहले क्या सीखते हैं? रस्सी में एक मजबूत गाँठ लगाना। लेकिन क्या गाँठ सिर्फ रस्सी को जोड़ने के लिए होती है? नहीं! मेरे लिए गाँठ हमारे जीवन की हर छोटी-बड़ी उलझन है। रिश्तों की पेचीदगियाँ, काम की जिम्मेदारियाँ, किसी मुसीबत में खुद को संभालना—ये सब जीवन की गाँठें हैं। स्काउटिंग हमें सिखाती है कि इन गाँठों को घबराकर नहीं, बल्कि धैर्य और सही तकनीक से खोलना या बांधना है। यह हमें सिखाती है कि वादे की गाँठ कितनी मजबूत होनी चाहिए। यह हमारे संकल्प (Promise) की पहली मजबूती है।

'गंतव्य' (Destination): हमारा गंतव्य कहाँ है? यह मैप पर कोई जगह नहीं है। गंतव्य है—एक ऐसा इंसान बनना जिस पर समाज भरोसा कर सके। वह नागरिक बनना जो निस्वार्थ भाव से तैयार (Be Prepared) हो। यह चरित्र-निर्माण का सबसे ऊँचा 'स्वर्णिम सोपान' है, जहाँ पहुँचकर हमें आत्म-संतुष्टि मिलती है कि हमने अपना सर्वश्रेष्ठ दिया।

यह पुस्तक इसी यात्रा की मार्गदर्शिका है—कैसे एक छोटी सी गाँठ से शुरू होकर हम अपने चरित्र के सबसे ऊँचे शिखर तक पहुँच सकते हैं। यह हिन्दी भाषा में लिखी गई एक सरल और सहज गाइड है, जिसे पढ़ते हुए आपको लगेगा कि आप किसी अनुभवी स्काउट मास्टर से सीधे बात कर रहे हैं।

मैं आशा करता हूँ कि यह पुस्तक आपको भी उस गाँठ से गंतव्य की यात्रा के लिए प्रेरित करेगी।

भूमिका

आज के भाग-दौड़ भरे जीवन में, जब मनुष्य भौतिक सुख-सुविधाओं की अंधी दौड़ में शामिल है, तब अक्सर हम जीवन के मूल्यों और चरित्र की नींव को भूल जाते हैं। यह वह समय है जब हमें यह याद करने की आवश्यकता है कि एक सच्चा नागरिक और एक जिम्मेदार इंसान बनना क्यों महत्वपूर्ण है।

यह पुस्तक—"**गाँठ से गंतव्य तक : स्काउटिंग का स्वर्णिम सोपान**"—इसी आवश्यकता को पूरा करने का एक विनम्र प्रयास है। यह सिर्फ नियमों और बैज की कहानी नहीं है, बल्कि यह सेवा, साहस और सकारात्मकता का पाठ है, जो हमें सिखाता है कि कठिन परिस्थितियों में भी कैसे हँसते हुए तैयार रहा जाए (Be Prepared)।

इस पुस्तक में आपके लिए क्या है?

इस पुस्तक को विशेष रूप से सरल और प्रभावी हिन्दी भाषा में तैयार किया गया है ताकि स्काउटिंग की समृद्ध परंपरा और तकनीकी ज्ञान को देश के कोने-कोने तक पहुँचाया जा सके। हमने पुस्तक की सामग्री को इस प्रकार व्यवस्थित किया है कि यह केवल नए स्काउट्स और गाइड्स के लिए ही नहीं, बल्कि उन अभिभावकों और शिक्षकगणों के लिए भी उपयोगी हो, जो बच्चों में अच्छे संस्कार और व्यावहारिक कौशल विकसित करना चाहते हैं।

इस पुस्तक में आपको निम्नलिखित मुख्य विषयों की विस्तृत और व्यावहारिक जानकारी मिलेगी:

मूल सिद्धांत: स्काउटिंग के जनक लॉर्ड बाडेन पॉवेल (Baden-Powell) का जीवन परिचय और दर्शन। स्काउट प्रतिज्ञा (Promise) और दस नियमों (Law) की गहराई से व्याख्या, जो चरित्र निर्माण की नींव हैं।

व्यावहारिक कौशल (Practical Skills): विभिन्न प्रकार की गाँठें, बंधन (Lashings), और उनके उपयोग। कम्पास (Compass) का उपयोग, मानचित्रण (Mapping), और अनुमान लगाने की कला।

शिविर विद्या (Campcraft): एक आदर्श शिविर कैसे लगाएं? तम्बू लगाना, रसोई बनाना, आग जलाना, और पर्यावरण को सुरक्षित रखने के तरीके।

प्राथमिक उपचार और आपदा प्रबंधन (First Aid & Disaster Management): जीवन रक्षक प्राथमिक उपचार के मूलभूत सिद्धांत और आपातकाल में नेतृत्व करने का प्रशिक्षण।

प्रगति और पुरस्कार (Progress & Awards): 'प्रवेश' से लेकर 'राष्ट्रपति पुरस्कार' तक की यात्रा को विस्तार से समझाना, जिससे प्रत्येक स्काउट को अपनी प्रगति का स्पष्ट मार्ग दिखे।

हमारा उद्देश्य

हमारा उद्देश्य स्काउटिंग को किताबी ज्ञान से निकालकर व्यवहारिक जीवन का हिस्सा बनाना है। यह पुस्तक आपको सिखाएगी कि कैसे रस्सी की एक साधारण गाँठ बांधते हुए, आप जीवन की जटिल समस्याओं को सुलझाने के लिए मानसिक रूप से तैयार होते हैं।

हमारा विश्वास है कि जो व्यक्ति स्काउटिंग के सिद्धांतों को अपने जीवन में उतारता है, वह न केवल अपने लिए, बल्कि अपने परिवार, समाज और राष्ट्र के लिए एक अनमोल धरोहर बन जाता है।

आमुख

"चरैवेति चरैवेति..." (चलते रहो, चलते रहो)

जीवन एक अनंत यात्रा है, और इस यात्रा में मिलने वाला हर अनुभव हमारे व्यक्तित्व को एक नया आकार देता है। जब हम शिक्षा और समाज सेवा के क्षेत्र में कदम रखते हैं, तो हमारा सामना कई ऐसी विधाओं से होता है जो केवल किताबी ज्ञान तक सीमित नहीं होतीं, बल्कि सीधे जीवन जीने की कला सिखाती हैं। 'स्काउटिंग और गाइडिंग' एक ऐसी ही अद्भुत और जीवन-परिवर्तनीय यात्रा है।

लॉर्ड बेडेन पॉवेल ने जब इस आंदोलन की नींव रखी थी, तो उनका उद्देश्य केवल कुछ शारीरिक नियमों या कौशलों को सिखाना नहीं था, बल्कि एक ऐसे चरित्रवान, आत्मनिर्भर और अनुशासित समाज का निर्माण करना था जो संकट के समय अडिग रह सके। एक शिक्षक और प्रशिक्षक के रूप में, मैंने अपने शैक्षणिक जीवन में यह गहराई से महसूस किया है कि जो पाठ कक्षा की चारदीवारी के भीतर ब्लैकबोर्ड पर नहीं सीखे जा सकते, वे स्काउटिंग के खुले आसमान के नीचे, जंगलों में और शिविरों (Camps) में बड़ी आसानी से आत्मसात हो जाते हैं।

यह पुस्तक "गाँठ से गंतव्य तक" केवल रस्सियों, कंपास या प्राथमिक चिकित्सा के नियमों का संकलन नहीं है। यह मेरे जीवन के उन अनुभवों, अनुभवों के निचोड़ और विद्यार्थियों के साथ बिताए गए उन अनमोल क्षणों की परिणति है, जहाँ मैंने 'पायनियरिंग' के विज्ञान को जीवन के दर्शन से जुड़ते देखा है।

इस पुस्तक का नाम "गाँठ से गंतव्य तक" रखने के पीछे एक गहरा विचार है। जब एक नया स्काउट या गाइड इस आंदोलन में आता है, तो वह सबसे पहले रस्सी का एक सिरा थामता है और एक साधारण सी 'गाँठ' बांधना सीखता है। वह गाँठ उसके व्यावहारिक कौशल की शुरुआत होती है। लेकिन जैसे-जैसे वह आगे बढ़ता है, दिशाओं का अनुमान लगाना सीखता है, संकट में दूसरों की जान बचाना (प्राथमिक चिकित्सा) सीखता है और मौन संवाद (सिग्नलिंग) की कला में निपुण होता है, वह अपनी जीवन-यात्रा के वास्तविक 'गंतव्य' यानी एक आदर्श नागरिक और एक श्रेष्ठ इंसान बनने की ओर अग्रसर हो जाता है।

इस पुस्तक को 14 विस्तृत अध्यायों में विभाजित किया गया है ताकि यह पाठकों, विशेषकर हमारे छात्र-छात्राओं और स्काउट मास्टर्स/गाइड कैप्टन्स के लिए एक संपूर्ण मार्गदर्शिका (Guidebook) बन सके। इसमें स्काउटिंग के गौरवशाली इतिहास से लेकर, गाइडिंग अनुभाग की प्रशासनिक बारीकियों, वर्दी संहिता, मोर्स कोड, सेमाफोर, प्रिज्मैटिक कंपास का वैज्ञानिक उपयोग और कैंप क्राफ्ट की बारीकियों को अत्यंत सरल और व्यावहारिक भाषा में प्रस्तुत किया गया है।

मेरा दृढ़ विश्वास है कि यह पुस्तक आचार्य बलदेव स्मारक शिक्षा निकेतन इंटर कॉलेज (भुवानी घुघली, महाराजगंज) के मेरे प्रिय विद्यार्थियों के साथ-साथ राष्ट्र निर्माण में जुटे देश के कोने-कोने के स्काउट्स और गाइड्स के लिए ज्ञान का एक दीप स्तंभ सिद्ध होगी।

मैं उन सभी मार्गदर्शकों, सहयोगियों और शुभचिंतकों के प्रति अपनी गहरी कृतज्ञता व्यक्त करता हूँ जिन्होंने इस लेखन यात्रा में प्रत्यक्ष या परोक्ष रूप से मेरा संबल बढ़ाया।

आइए, रस्सी का यह सिरा थामें, अपने अंतस के ध्रुव तारे को पहचानें और 'तैयार रहो' के संकल्प के साथ इस पावन यात्रा पर आगे बढ़ें।

— सौमित्र चन्द्र पाण्डेय
लेखक एवं शिक्षक
भुवनी घुघली, महाराजगंज (उत्तर प्रदेश)

1

स्काउटिंग की आधारशिला

जब हम स्काउटिंग की यात्रा पर कदम बढ़ाते हैं, तो हमारे समक्ष सबसे पहला और बुनियादी प्रश्न यही उठता है कि—स्काउटिंग वास्तव में क्या है? क्या यह केवल कुछ विशेष यूनीफॉर्म पहनना है, या कुछ नियम याद कर लेना है? इस प्रश्न के उत्तर को गहराई से समझने के लिए, सर्वप्रथम हमें 'SCOUT' शब्द के मूल अर्थ और उसके इतिहास पर विचार करना होगा।

'स्काउट' (Scout) शब्द का उद्गम और अर्थ

"Scout" शब्द का हिंदी में सीधा अर्थ जासूस, गुप्तचर, बालचर या खोज करने वाला होता है। यदि हम इसके भाषाई इतिहास को देखें तो इसका मूल मध्यकालीन अंग्रेजी शब्द "scouten" से है, जिसका अर्थ था—"जानकारी एकत्र करने के लिए किसी अज्ञात क्षेत्र की खोज करना"। यह मूल रूप से पुरानी फ्रांसीसी भाषा के शब्द "escaute" और लैटिन शब्द "ascultare" से विकसित हुआ है, जिसका शाब्दिक अर्थ होता है—"ध्यान से सुनना" या "सचेत रहना"।

अतः, इस भाषाई संदर्भ में एक 'स्काउट' वह व्यक्ति है जिसकी सभी ज्ञानेंद्रियाँ अपनी पूर्ण क्षमता में विकसित और जाग्रत हों, जो अपने परिवेश के प्रति निरंतर सजग रहता हो और स्काउटिंग की सभी गतिविधियों को पूरी दक्षता के साथ पूर्ण करने की क्षमता रखता हो।

एक सच्चे स्काउट के व्यक्तित्व को हम इन तीन मुख्य बिंदुओं में रेखांकित कर सकते हैं:

1. **स्काउट एक अन्वेषक (Explorer) होता है** : वह हमेशा कुछ नया सीखने और खोजने के लिए तत्पर रहता है।
2. **स्काउट एक गुप्तचर (Observer) होता है** : उसकी नजरें और कान हमेशा खुले रहते हैं; वह सूक्ष्म से सूक्ष्म बात को भी भांप लेता है।
3. **स्काउट अत्यंत साहसी (Courageous) होता है** : वह विषम से विषम परिस्थितियों में भी घबराता नहीं, बल्कि मुस्कुराते हुए रास्ता निकालता है।

स्काउटिंग की प्रामाणिक परिभाषाएँ

विभिन्न विद्वानों और वैश्विक संगठनों ने स्काउटिंग को अपने-अपने दृष्टिकोण से परिभाषित किया है, जो इसके व्यापक स्वरूप को स्पष्ट करते हैं:

1. स्काउटिंग के जनक लॉर्ड बेडेन पॉवेल (Lord Baden-Powell) के शब्दों में : **"स्काउटिंग आत्म-शिक्षा का एक खेल है, जिसे युवा लोग अपनी मर्ज़ी से, अपने मार्गदर्शन में, प्रकृति की गोद में, साहसिक गतिविधियों और व्यक्तिगत उत्तरदायित्व के माध्यम से सीखते हैं।"**

2. विश्व स्काउट संगठन (WOSM) के अनुसार : **"स्काउटिंग एक स्वैच्छिक, गैर-राजनीतिक शैक्षणिक आंदोलन है, जो बिना किसी भेदभाव के सभी युवाओं के लिए खुला है। इसका उद्देश्य प्रत्येक व्यक्ति का एक जिम्मेदार नागरिक के रूप में विकास करना है, ताकि वह अपने स्थानीय, राष्ट्रीय और अंतर्राष्ट्रीय समाज, प्रकृति तथा स्वयं के लिए उपयोगी साबित हो सके।"**

3. शैक्षणिक दृष्टिकोण (Educational Perspective) से : **"स्काउटिंग एक पूरक शिक्षा प्रणाली (Complementary Education System) है, जो स्कूल और परिवार के बीच के खाली स्थान (Gap) को भरती है। यह पूरी तरह से 'करके सीखने' (Learning by Doing) के सिद्धांत पर आधारित है।"**

सामान्य बोलचाल और व्यावहारिक भाषा में स्काउटिंग को अक्सर "Science of Outing" (अर्थात प्रकृति की खुली गोद में अनुभवों के आधार पर सीखने का विज्ञान) कहा जाता है। इन सभी बातों को ध्यान में रखते हुए, यदि हम निष्कर्ष रूप में स्काउटिंग को परिभाषित करना चाहें, तो कह सकते हैं:

"स्काउटिंग खेल-खेल में आदर्श नागरिकता स्थापित करने के लिए कार्यक्रम बनाने और उसे धरातल पर क्रियान्वित करने का विज्ञान है। यह मानवता और ईश्वर की सच्ची व व्यावहारिक सेवा है।"

स्काउटिंग के मूल उद्देश्य और आयाम

जैसा कि बेडेन पॉवेल ने स्पष्ट किया था, स्काउटिंग केवल मनोरंजन या केवल टेंट लगाने (कैंपिंग) का नाम नहीं है। इसका अंतिम लक्ष्य एक ऐसे संपूर्ण व्यक्तित्व (Well-rounded Personality) का निर्माण करना है, जो जीवन की किसी भी परीक्षा में असफल न हो।

यह आंदोलन मुख्य रूप से मानव विकास के तीन प्रमुख आयामों (Dimensions) पर कार्य करता है:

1. शारीरिक विकास (Physical Development) : यह स्काउट को शारीरिक रूप से सुदृढ़, चुस्त-दुरुस्त और सहनशील बनाता है।

उद्देश्य : एक निरोगी शरीर, असीम ऊर्जा और विपरीत परिस्थितियों व बीमारियों से लड़ने की क्षमता विकसित करना।

माध्यम : नियमित कैंपिंग, लंबी हाइकिंग (पदयात्रा), पी.टी., साहसिक खेलकूद और प्राथमिक उपचार (First Aid) का गहन प्रशिक्षण।

2. मानसिक विकास (Mental Development) : यह स्काउट को त्वरित निर्णय लेने, संकट के समय शांत रहने और समस्याओं का तार्किक समाधान खोजने के लिए तैयार करता है।

उद्देश्य : अवलोकन क्षमता (Observation Skills), तर्क शक्ति (Reasoning) और सामान्य ज्ञान को बढ़ाना।

माध्यम : विभिन्न दक्षता बैज (Proficiency Badges) अर्जित करना, मानचित्र पढ़ना (Mapping), कम्पास का उपयोग, आपदाओं में त्वरित सूझबूझ दिखाना और ट्रैकिंग के गुप्त निशानों को पहचानना।

3. आध्यात्मिक विकास (Spiritual Development) : यह स्काउटिंग का सबसे महत्वपूर्ण और सूक्ष्म आयाम है। यह व्यक्ति को आंतरिक रूप से मजबूत बनाता है।

उद्देश्य : नैतिक मूल्यों को स्थापित करना, ईश्वर (या किसी भी रूप में सर्वोच्च सत्ता) के प्रति आस्था रखना और संपूर्ण सृष्टि के प्रति उत्तरदायित्व की भावना जगाना।

माध्यम : दैनिक जीवन में स्काउट प्रतिज्ञा का पूरी निष्ठा से पालन करना, निस्वार्थ सेवा कार्य (Service) में भाग लेना और प्रकृति की विशालता के बीच उस परम शक्ति का साक्षात्कार करना।

आधुनिक डिजिटल जीवन में स्काउटिंग की उपयोगिता

आज के तकनीकी और डिजिटल युग में, जब हमारी युवा पीढ़ी स्क्रीन्स और वर्चुअल दुनिया में सिमटती जा रही है, स्काउटिंग की प्रासंगिकता पहले से कहीं अधिक बढ़ गई है। यह एक ऐसा जीवंत सेतु है जो युवाओं को वास्तविक दुनिया की चुनौतियों से रूबरू कराता है :

- **संकट प्रबंधन और लचीलापन (Crisis Management & Resilience) :** शिविरों में रहने और सीमित संसाधनों में अपना काम चलाने से स्काउट्स में 'लचीलापन' पैदा होता है। वे जीवन की वास्तविक और व्यावहारिक कठिनाइयों से घबराना छोड़ देते हैं।
- **पर्यावरण के प्रति संवेदनशीलता (Environmental Sensitivity) :** स्काउटिंग केवल किताबी पर्यावरण पाठ नहीं पढ़ाती, बल्कि प्रकृति के बीच रहकर उसका संरक्षण करना सिखाती है। एक 'प्रकृति मित्र' के रूप में स्काउट पारिस्थितिकी (Ecology) के महत्व को समझते हैं और वृक्षारोपण व स्वच्छता अभियानों में सक्रिय भूमिका निभाते हैं।
- **नेतृत्व का व्यावहारिक अभ्यास (Practice of Leadership) :** स्काउटिंग की रीढ़ इसकी 'टोली प्रणाली' (Patrol System) है। इसमें एक छोटे समूह का नेतृत्व एक युवा स्काउट के हाथ में होता है। यह व्यवस्था जिम्मेदारी लेने, टीम को साथ लेकर चलने और निर्णय लेने के कौशल को इतनी सहजता से सिखा देती है, जो किसी बंद क्लासरूम में संभव नहीं है।
- **सामाजिक समावेशन (Social Inclusion) :** स्काउटिंग का मैदान पूरी तरह से समतावादी होता है। यहाँ किसी भी जाति, धर्म, आर्थिक या सामाजिक पृष्ठभूमि का भेद नहीं होता। सभी बच्चे एक साथ, एक समान यूनीफॉर्म में, एक ही थाली में खाते हैं और काम करते हैं। यह उन्हें सच्ची टीम भावना और सामाजिक सामंजस्य सिखाता है, जो एक मजबूत राष्ट्र के निर्माण के लिए अनिवार्य है।

स्व-मूल्यांकन एवं अभ्यास (Exercise)

1. 'Scout' शब्द की व्युत्पत्ति किन मूल शब्दों से हुई है और इसका व्यावहारिक अर्थ क्या है?
2. लॉर्ड बेडेन पॉवेल के अनुसार स्काउटिंग की परिभाषा क्या है?
3. स्काउटिंग के तीन प्रमुख आयाम कौन-से हैं? संक्षिप्त व्याख्या कीजिए।
4. आपके विचार से आज के स्मार्टफोन और इंटरनेट के युग में स्काउटिंग युवाओं के लिए क्यों आवश्यक है?

2

स्काउटिंग के नायक : बेडेन पॉवेल

जब हम स्काउटिंग के विशाल वृक्ष को देखते हैं, तो हमारी दृष्टि स्वाभाविक रूप से उसकी जड़ की ओर जाती है। इस वैश्विक आंदोलन की आधारशिला रखने वाले महापुरुष थे—**लॉर्ड रॉबर्ट स्टीफेंसन स्मिथ बेडेन पॉवेल (Lord Robert Stephenson Smyth Baden-Powell)**, जिन्हें पूरी दुनिया के स्काउट्स और गाइड्स अत्यंत आदर और प्यार से 'बी.पी.' (B.P.) कहकर पुकारते हैं। वे केवल एक सैन्य अधिकारी नहीं थे, बल्कि एक दूरद्रष्टा शिक्षाशास्त्री और युवाओं के सच्चे मार्गदर्शक थे।

प्रारंभिक जीवन और प्रकृति से प्रेम

बी.पी. का जन्म 22 फरवरी 1857 को लंदन, इंग्लैंड में हुआ था। यह एक अद्भुत संयोग ही है कि आज भी यह पावन तिथि संपूर्ण विश्व में स्काउट्स और गाइड्स द्वारा 'विश्व चिंतन दिवस' (World Thinking Day) के रूप में मनाई जाती है।

जब बी.पी. बहुत छोटे थे, तभी उनके पिता का देहावसान हो गया। उनकी माता, हेनरिकेटा ग्रेस ने अदम्य साहस का परिचय देते हुए बी.पी. और उनके छह भाई-बहनों का पालन-पोषण किया। बी.पी. के व्यक्तित्व पर उनकी माता का गहरा प्रभाव पड़ा। उनका बचपन बंद कमरों में नहीं, बल्कि प्रकृति की खुली गोद में बीता। अपने स्कूल के दिनों में भी वे किताबों से ज्यादा समय जंगल में बिताना पसंद करते थे। छिपकर वन्यजीवों का अवलोकन करना, उनके पदचिह्नों को पहचानना और लकड़ी काटने की कला (Woodcraft) सीखना उनका प्रिय शौक था। बचपन का यही रोमांच आगे चलकर एक महान आंदोलन की नींव बना।

सैन्य सेवा और 'मैफेकिंग' का ऐतिहासिक मोड़

19 वर्ष की अल्पायु में बी.पी. ब्रिटिश सेना में शामिल हो गए। सेना में रहते हुए उन्होंने भारत, अफगानिस्तान और दक्षिण अफ्रीका में अपनी उत्कृष्ट सेवाएँ दीं। एक सैन्य अधिकारी के रूप में उनकी कार्यशैली पारंपरिक नहीं थी; वे अपने सैनिकों को जासूसी या गुप्तचर कला (Spycraft), ट्रैकिंग (Tracking), और कठिन परिस्थितियों में जीवित रहने (Survival Skills) का व्यावहारिक प्रशिक्षण देते थे।

बी.पी. के जीवन और स्काउटिंग के इतिहास में सबसे बड़ा मोड़ दक्षिण अफ्रीका में 'मैफेकिंग की घेराबंदी' (Siege of Mafeking, 1899-1900) के दौरान आया। एंग्लो-बोअर युद्ध के दौरान दुश्मनों ने मैफेकिंग शहर को चारों तरफ से घेर लिया था। यह घेराबंदी 217 दिनों तक चली। सैनिकों की संख्या कम थी, इसलिए बी.पी. ने एक अनूठा प्रयोग किया। उन्होंने स्थानीय युवा लड़कों का एक छोटा दस्ता (Mafeking Cadet Corps) तैयार किया।

इन लड़कों को संदेशवाहक (Messengers), पहरेदार, और प्राथमिक उपचारक (First Aiders) के रूप में तैनात किया गया।

विपरीत परिस्थितियों और गोलियों की गूँज के बीच इन कम उम्र के लड़कों ने जो अनुशासन, अदम्य साहस और सूझबूझ दिखाई, उसने बी.पी. को हतप्रभ कर दिया। इस घटना ने बी.पी. के मन में यह विश्वास पक्का कर दिया कि यदि देश के युवाओं पर भरोसा किया जाए और उन्हें सही दिशा व जिम्मेदारी दी जाए, तो वे असंभव को भी संभव बना सकते हैं।

स्काउटिंग का जन्म : ब्राउनसी द्वीप का ऐतिहासिक शिविर

मैफेकिंग के युद्ध के बाद जब बी.पी. इंग्लैंड लौटे, तो वे एक राष्ट्रीय नायक बन चुके थे। उन्होंने देखा कि सेना के लिए उनके द्वारा लिखी गई पुस्तक **'एड्स टू स्काउटिंग' (Aids to Scouting)** को स्कूल के शिक्षक और युवा संगठन बच्चों के चरित्र निर्माण और अवलोकन शक्ति बढ़ाने के लिए चाव से पढ़ रहे हैं। बी.पी. को समझ आ गया कि अब समय आ गया है जब सैन्य कला को 'नागरिक भलाई और चरित्र निर्माण' के एक बड़े आंदोलन में बदल दिया जाए।

अपने विचारों को धरातल पर परखने के लिए बी.पी. ने जुलाई 1907 में इंग्लैंड के ब्राउनसी द्वीप (Brownsea Island) पर विभिन्न सामाजिक पृष्ठभूमि के 20 लड़कों को इकट्ठा किया और एक प्रायोगिक शिविर (Experimental Camp) आयोजित किया। उन्होंने लड़कों को छोटी-छोटी टोलियों (Patrols) में विभाजित किया। उन्हें शिविर कला, टेंट लगाना, आग जलाना, अवलोकन, प्राथमिक उपचार और जीवन रक्षक कौशल सिखाए गए।

यह शिविर ऐतिहासिक रूप से सफल रहा और इसी के साथ विश्व स्काउट आंदोलन का आधिकारिक शंखनाद हुआ। इस सफलता के तुरंत बाद, 1908 में उन्होंने अपनी अमर कृति **'स्काउटिंग फॉर बॉयज़' (Scouting for Boys)** प्रकाशित की। इस पुस्तक में कहानियों, खेल-कूद और रोमांच का ऐसा अनूठा संगम था कि इसने दुनिया भर के युवाओं को अपनी ओर आकर्षित कर लिया।

बी.पी. का शैक्षिक दर्शन : खेल-खेल में चरित्र निर्माण

लॉर्ड बेडेन पॉवेल का शैक्षिक दर्शन बहुत स्पष्ट और व्यावहारिक था। वे अक्सर कहते थे—"**स्काउटिंग कोई उबाऊ विषय नहीं है, यह एक खेल है।**" उनका मानना था कि बच्चों को बंद कमरों में उपदेश देने के बजाय, मैदान में रोमांचक गतिविधियों के माध्यम से सिखाया जाना चाहिए।

उनके दर्शन के चार मुख्य स्तंभ निम्नलिखित हैं :

- **करके सीखना (Learning by Doing)** : ज्ञान केवल रटने के लिए नहीं, बल्कि जीने के लिए है। स्वयं अपने हाथों से गाँठ लगाना, स्वयं आग जलाकर भोजन पकाना और चोट लगने पर प्राथमिक उपचार का अभ्यास करना ही सच्चा ज्ञान है।
- **टोली प्रणाली (The Patrol System)** : यह स्काउटिंग को बी.पी. की सबसे अनमोल देन है। उन्होंने बच्चों को बड़े समूहों के बजाय 6 से 8 सदस्यों की छोटी टोलियों में बाँटा, जिसका नेतृत्व उन्हीं में से चुना गया एक 'टोली नायक' (Patrol Leader) करता था। यह व्यवस्था युवाओं में जिम्मेदारी और नेतृत्व के गुण कूट-कूट कर भर देती है।
- **प्रकृति का खुला विद्यालय (Nature as a Classroom)** : बी.पी. के अनुसार, प्रकृति से बड़ा कोई शिक्षक नहीं है। खुले आसमान के नीचे कैंपिंग करना, तारों को देखकर दिशा का अनुमान लगाना और वन्यजीवों को निहारना युवाओं को संवेदनशील और सजग बनाता है।
- **चरित्र की सुदृढ़ता (Character Development)** : स्काउटिंग का अंतिम उद्देश्य केवल अच्छे कौशल सिखाना नहीं, बल्कि एक ऐसा इंसान तैयार करना है जो सत्य, ईमानदारी और कर्तव्य के मार्ग पर अडिग रहे।

बी.पी. का अंतिम संदेश (The Last Message)

जीवन भर युवाओं और मानवता की सेवा करने के बाद, बी.पी. अपने जीवन के अंतिम वर्षों में केन्या (अफ्रीका) चले गए। 8 जनवरी 1941 को 83 वर्ष की आयु में इस महान आत्मा ने दुनिया को अलविदा कह दिया।

अपने महाप्रयाण से पूर्व, उन्होंने विश्व के समस्त स्काउट्स और गाइड्स के नाम एक अत्यंत भावुक और प्रेरक 'अंतिम पत्र' छोड़ा था, जिसकी ये पंक्तियाँ आज भी हर स्काउट के दिल में गूँजती हैं :

"प्रिय स्काउट्स, यदि तुमने कभी 'अलीबाबा और चालीस चोर' का नाटक देखा हो, तो तुम्हें याद होगा कि हर नए घर को खोजने के लिए चोरों के सरदार को एक गुप्त निशान बनाना पड़ता था... ठीक वैसे ही, ईश्वर ने हमें इस खूबसूरत दुनिया में भेजा है ताकि हम खुश रहें और जीवन का आनंद लें। लेकिन असली खुशी का रास्ता दूसरों को खुशी देने में है।

जब तुम्हारा इस दुनिया से जाने का समय आए, तो तुम यह गर्व से कह सको कि तुमने अपनी तरफ से पूरी कोशिश की। कोशिश करो कि तुम इस दुनिया को वैसा ही न छोड़ो जैसा तुमने पाया था, बल्कि अपने कार्यों से इसे थोड़ा बेहतर और सुंदर बनाकर जाओ... हमेशा अपने वादे पर कायम रहो और—हमेशा तैयार रहो (Be Prepared)!"

स्काउटिंग इतिहास की महत्वपूर्ण तिथियाँ (Timeline)

22 फरवरी 1857 : लॉर्ड बेडेन पॉवेल का लंदन में जन्म (विश्व चिंतन दिवस)।

1899 - 1900 : मैफेकिंग की प्रसिद्ध घेराबंदी (217 दिनों का सफल बचाव)।

जुलाई 1907 : ब्राउनसी द्वीप पर विश्व का प्रथम स्काउट कैंप (आंदोलन की शुरुआत)।

1908 : विश्व प्रसिद्ध पुस्तक 'स्काउटिंग फॉर बॉयज़' का प्रकाशन।

8 जनवरी 1941 : केन्या में बी.पी. का निधन और अंतिम संदेश।

स्व-मूल्यांकन एवं अभ्यास (Exercise)

1. लॉर्ड बेडेन पॉवेल का पूरा नाम क्या था और उनका जन्म कब और कहाँ हुआ था?
2. 'मैफेकिंग की घेराबंदी' की घटना ने बी.पी. को स्काउटिंग आंदोलन शुरू करने के लिए किस प्रकार प्रेरित किया?
3. ब्राउनसी द्वीप शिविर का स्काउटिंग के इतिहास में क्या महत्व है?
4. बी.पी. के 'अंतिम संदेश' का मूल सार अपने शब्दों में लिखिए।

3

भारत में स्काउटिंग का इतिहास और भारत स्काउट्स एवं गाइड्स (BSG)

अंतर्राष्ट्रीय स्काउटिंग आंदोलन का जन्म भले ही इंग्लैंड की धरती पर हुआ हो, लेकिन भारत की सांस्कृतिक और आध्यात्मिक भूमि ने इसे न केवल तुरंत स्वीकार किया, बल्कि अपने **'सेवा परमो धर्मः'** के सनातन सिद्धांत से इसे और अधिक समृद्ध व जीवंत भी किया। भारत में स्काउटिंग का इतिहास केवल कुछ नियमों को अपनाने का इतिहास नहीं है, बल्कि यह औपनिवेशिक काल के भेदभाव के विरुद्ध संघर्ष, राष्ट्रीय आत्म-सम्मान और अंततः अखंड राष्ट्रीय एकता की एक गौरवमयी गाथा है।

आगमन और प्रारंभिक वर्ष : औपनिवेशिक काल का भेदभाव

भारत में स्काउटिंग का आगमन इसके वैश्विक संस्थापक लॉर्ड बेडेन पॉवेल की कालजयी पुस्तक 'स्काउटिंग फॉर बॉयज़' (Scouting for Boys) के प्रकाशन के तुरंत बाद ही हो गया था।

1909 में प्रथम दल की स्थापना : भारत में पहला बॉय स्काउट दल सन 1909 में बैंगलोर (बेंगलुरु) के 'बिशप कॉटन बॉयज़ स्कूल' में स्थापित हुआ।

सीमित दायरा और उद्देश्य : शुरुआत में यह आंदोलन पूरी तरह से इंग्लैंड स्थित 'द बॉय स्काउट्स एसोसिएशन' (The Boy Scouts Association) के सीधे नियंत्रण में था। उस समय इसमें केवल ब्रिटिश और एंग्लो-इंडियन बच्चों को ही शामिल होने की अनुमति थी। भारतीय मूल के बच्चों को इससे दूर रखा गया था, क्योंकि ब्रिटिश शासन का मुख्य उद्देश्य इस आंदोलन के माध्यम से केवल राजमुकुट के प्रति वफादार सैनिक और नागरिक तैयार करना था।

राष्ट्रीय चेतना का उदय और स्वदेशी संगठनों का संघर्ष

भारतीय युवाओं को चरित्र निर्माण और स्काउटिंग के व्यावहारिक लाभों से वंचित रखना देश के प्रबुद्ध और राष्ट्रवादी नेताओं को कतई स्वीकार्य नहीं था। परिणामस्वरूप, बीसवीं सदी के दूसरे दशक में भारत में कई स्वदेशी और राष्ट्रीय स्काउटिंग संगठनों का उदय हुआ, जिसने आंदोलन को दो स्पष्ट धाराओं में बाँट दिया:

द बॉय स्काउट्स एसोसिएशन (BSA) : यह ब्रिटिश सरकार समर्थित संस्था थी, जो केवल यूरोपीय और विशेषाधिकार प्राप्त एंग्लो-इंडियन बच्चों के लिए कार्यरत रही।

भारतीय स्काउटिंग का राष्ट्रीय उदय (National Scouting) : देश के मनीषियों ने यह भली-भांति समझ लिया था कि यदि स्काउटिंग के मूल सिद्धांतों (आत्म-निर्भरता, अनुशासन, निस्वार्थ सेवा) को भारतीय संस्कृति और राष्ट्रीय आंदोलन के साथ जोड़ दिया जाए, तो यह चरित्रवान देशभक्तों की एक अभेद्य फौज तैयार कर सकता है।

इस चेतना के तहत देश में मुख्य रूप से दो बड़ी स्वदेशी संस्थाएँ स्थापित हुईं:

1. **सेवा समिति बॉय स्काउट्स एसोसिएशन (1917)** : यह भारत की सबसे महत्वपूर्ण और प्रभावी स्वदेशी स्काउटिंग संस्था थी। इसकी स्थापना महामना पंडित मदन मोहन मालवीय जी के अमूल्य मार्गदर्शन में पंडित हृदयनाथ कुंजरू और श्रीराम वाजपेयी जी द्वारा इलाहाबाद (प्रयागराज) में की गई थी। इस संस्था ने स्काउटिंग को पूरी तरह से भारतीय संस्कृति, मूल्यों और राष्ट्रीय गौरव के रंग में रंगा।
2. **द इंडियन बॉय स्काउट्स एसोसिएशन (1921)** : डॉ. एनी बेसेंट और जी.एस. अरुंडेल ने दक्षिण भारत में भारतीय लड़कों के लिए इस संस्था की स्थापना की, जिसका मुख्य लक्ष्य राष्ट्रीय शिक्षा का प्रसार और युवाओं में भारतीय संस्कारों का संचार करना था।

एकता की आवश्यकता : इस वैचारिक विभाजन के कारण देश के अलग-अलग हिस्सों में कई छोटे-छोटे स्काउटिंग दल और संगठन काम कर रहे थे। यद्यपि सभी का ध्येय सेवा था, परंतु एक केंद्रीय और सुगठित राष्ट्रीय मंच के बिना संपूर्ण देश के युवाओं को एक सूत्र में पिरोना कठिन हो रहा था।

भारत स्काउट्स एवं गाइड्स (BSG) का ऐतिहासिक गठन

15 अगस्त 1947 को जब भारत स्वतंत्र हुआ, तो बिखरे हुए और अलग-अलग विचारधारा के स्काउटिंग संगठनों को एक राष्ट्रीय ध्वज के नीचे एकजुट करना समय की सबसे बड़ी मांग बन गया।

स्वतंत्र भारत सरकार के पुरजोर प्रयासों और तत्कालीन राष्ट्रीय नेताओं की दूरदर्शिता के फलस्वरुप, **27 अक्टूबर 1950** को भारत में कार्यरत सभी प्रमुख स्काउटिंग और गाइडिंग संस्थाओं का आपस में पूर्ण विलय (Merger) कर दिया गया। इस ऐतिहासिक विलय से एक संप्रभु और एकल राष्ट्रीय संस्था का जन्म हुआ, जिसे हम **'भारत स्काउट्स एवं गाइड्स' (The Bharat Scouts and Guides - BSG)** के नाम से जानते हैं।

इसके ठीक अगले वर्ष, 1951 में, 'द इंडियन गर्ल्स गाइड्स एसोसिएशन' का भी पूर्ण रूप से BSG में विलय कर दिया गया। इस प्रकार, यह देश का सबसे बड़ा संयुक्त (Co-educational) युवा आंदोलन बन गया। आज BSG, विश्व स्काउट संगठन (WOSM) और विश्व गाइड संगठन (WAGGGS) दोनों का पूर्ण और सम्मानित सदस्य है, जो वैश्विक पटल पर भारत के युवाओं की आवाज का प्रतिनिधित्व करता है।

भारत स्काउट्स एवं गाइड्स (BSG) का संगठनात्मक ढांचा

BSG का प्रशासनिक संगठन एक सुव्यवस्थित पिरामिड की भांति कार्य करता है, जो नई दिल्ली स्थित राष्ट्रीय मुख्यालय से लेकर सुदूर गांवों और विद्यालयों के स्तर तक पूरी सहजता से फैला हुआ है :

1. प्रशासनिक स्तर (Administrative Levels)

- **राष्ट्रीय स्तर (National Level)** : इसका राष्ट्रीय मुख्यालय नई दिल्ली में स्थित है। संगठन के सर्वोच्च पदाधिकारी राष्ट्रीय अध्यक्ष (President) और राष्ट्रीय मुख्य आयुक्त (Chief National Commissioner) होते हैं।
- **राज्य स्तर (State Level)** : प्रत्येक राज्य और केंद्रशासित प्रदेश में एक स्वतंत्र 'राज्य संघ' कार्य करता है (जैसे: उत्तर प्रदेश भारत स्काउट्स एवं गाइड्स)। इसके मार्गदर्शक राज्य मुख्य आयुक्त होते हैं।
- **ज़िला एवं स्थानीय स्तर (District & Local Level)** : प्रशासनिक सुगमता के लिए राज्यों को ज़िला संघों और पुनः स्थानीय समूहों (स्कूल/कॉलेज इकाइयों) में विभाजित किया जाता है, जहाँ स्काउट मास्टर और गाइड कैप्टन जमीनी स्तर पर बच्चों को प्रशिक्षित करते हैं।

2. आयु-आधारित प्रभाग (Age-Based Sections)

भारतीय स्काउटिंग और गाइडिंग आंदोलन में पाँच वर्ष के बालक से लेकर पच्चीस वर्ष के युवाओं तक के लिए उनकी मानसिक व शारीरिक क्षमता के अनुसार तीन स्पष्ट प्रभाग बनाए गए हैं:

प्रभाग (Sections)	आयु वर्ग (Age Group)	बालक वर्ग (Boys)	बालिका वर्ग (Girls)
प्रारंभिक स्तर	5 से 10 वर्ष	कब (Cub)	बुलबुल (Bulbul)
माध्यमिक स्तर	10 से 17 वर्ष	स्काउट (Scout)	गाइड (Guide)
उच्च/युवा स्तर	17 to 25 वर्ष	रोवर (Rover)	रेंजर (Ranger)

भारतीय स्काउटिंग का राष्ट्र निर्माण में योगदान और गौरव

'भारत स्काउट्स एवं गाइड्स' ने स्वतंत्र भारत के सामाजिक और व्यावहारिक ताने-बाने को मजबूत करने में अमूल्य व ऐतिहासिक योगदान दिया है:

सच्ची राष्ट्रीय एकता की मिसाल : देश के विभिन्न राज्यों, जातियों, धर्मों और भाषाओं के युवाओं को एक ही वर्दी (Uniform), एक ही स्कार्फ और एक ही पवित्र प्रतिज्ञा के तहत लाकर BSG ने राष्ट्र में **'एक भारत, श्रेष्ठ भारत'** की मूल भावना को सदैव जीवंत रखा है।

आपदाओं में प्रथम सारथी (First Responders) : देश पर जब भी कोई विपत्ति आई—चाहे वह भीषण बाढ़ हो, विनाशकारी भूकंप हो, या कोई महामारी—भारतीय स्काउट्स, गाइड्स, रोवर्स और रेंजर्स ने हमेशा प्रशासन के साथ कंधे से कंधा मिलाकर, अपनी जान की परवाह किए बिना राहत और सेवा कार्यों में अग्रणी भूमिका निभाई है।

चरित्र का सर्वोच्च शिखर

'राष्ट्रपति पुरस्कार' : भारत में स्काउट और गाइड वर्ग के लिए सबसे प्रतिष्ठित और सर्वोच्च सम्मान 'राष्ट्रपति स्काउट/गाइड/रोवर/रेंजर पुरस्कार' है। यह विशिष्ट सम्मान प्रतिवर्ष स्वयं भारत के महामहिम राष्ट्रपति महोदय द्वारा प्रदान किया जाता है, जो हमारे युवाओं को जीवन के हर क्षेत्र में उत्कृष्टता और अनुशासन प्राप्त करने के लिए प्रेरित करता है।

निष्कर्ष रूप में, भारतीय स्काउटिंग आंदोलन वास्तव में वह स्वर्णिम सोपान है जो हमारे देश के युवाओं को केवल विपरीत परिस्थितियों के लिए 'तैयार रहने' का कौशल ही नहीं सिखाता, बल्कि उन्हें अंततः इस महान राष्ट्र का गौरव और संबल बनने के लिए भी पूर्णतः संस्कारित करता है।

स्व-मूल्यांकन एवं अभ्यास (Exercise)

1. भारत में स्काउटिंग की शुरुआत कब और कहाँ से हुई? प्रारंभिक दौर में इसका स्वरूप कैसा था?
2. ब्रिटिश कालीन भारत में स्वदेशी (राष्ट्रीय) स्काउटिंग संगठनों की स्थापना क्यों आवश्यक हो गई थी? किन्हीं दो मुख्य संस्थाओं के नाम लिखिए।
3. 'भारत स्काउट्स एवं गाइड्स' (BSG) का गठन कब और किन परिस्थितियों में हुआ?
4. आयु के आधार पर भारत स्काउट्स एवं गाइड्स के विभिन्न प्रभागों (Sections) को तालिका बनाकर स्पष्ट कीजिए।
5. 'राष्ट्रपति पुरस्कार' का एक स्काउट या गाइड के जीवन में क्या महत्व है?

4
प्रगतिशील प्रशिक्षण

स्काउटिंग कोई ऐसी व्यवस्था नहीं है जहाँ सब कुछ एक ही दिन में सीख लिया जाए। प्रगतिशील प्रशिक्षण (Progressive Training) स्काउटिंग की वह विशिष्ट और वैज्ञानिक पद्धति है जिसके द्वारा एक युवा धीरे-धीरे, चरणबद्ध तरीके से (Step-by-Step) अपने ज्ञान, कौशल और चरित्र का विकास करता है। यह पद्धति सुनिश्चित करती है कि सीखने की प्रक्रिया बालक की शारीरिक और मानसिक आयु के अनुकूल (Age-appropriate) हो और उसे हमेशा जीवन के अगले स्तर की चुनौती के लिए तैयार करती रहे।

प्रगतिशील प्रशिक्षण का अर्थ और महत्व

प्रगतिशील प्रशिक्षण का सीधा अर्थ है—निरंतर आगे बढ़ना। इसमें एक नए स्काउट को उसकी आरंभिक अबोध अवस्था से लेकर उच्च-स्तरीय कौशलों तक एक सुनियोजित मार्ग पर ले जाया जाता है। यह पद्धति **'करके सीखने'** और **'अभ्यास से पूर्णता'** के सिद्धांत पर काम करती है।

इस प्रशिक्षण प्रणाली के तीन मुख्य स्तंभ हैं:

1. **आत्मविश्वास का निर्माण** : जब एक स्काउट किसी छोटे चरण (जैसे प्रवेश या प्रथम सोपान) को सफलतापूर्वक पार करता है, तो उसमें अगले और कठिन चरण के लिए अद्भुत आत्मविश्वास पैदा होता है।
2. **निरंतर विकास (Continuous Growth)** : यह सीखने की प्रक्रिया को एक बार की घटना नहीं, बल्कि जीवन भर चलने वाली एक स्वस्थ आदत बना देता है।
3. **पुरस्कार और पहचान (Badges & Recognition)** : इस यात्रा में स्काउट द्वारा पार किए गए हर मील के पत्थर को विशेष 'दक्षता बैज' (Proficiency Badges) और प्रमाण पत्रों द्वारा मान्यता दी जाती है, जो युवाओं के लिए उत्प्रेरक (Motivation) का कार्य करते हैं।

स्काउटिंग का प्रगति मार्ग : प्रवेश से राष्ट्रपति पुरस्कार तक

भारत स्काउट्स एवं गाइड्स में प्रगतिशील प्रशिक्षण को मुख्य रूप से पाँच सोपानों और पुरस्कारों के क्रम में विभाजित किया गया है। यहाँ हम मुख्य रूप से स्काउट/गाइड अनुभाग (आयु वर्ग 10 से 17 वर्ष) के संपूर्ण पाठ्यक्रम और आवश्यकताओं का विस्तृत अध्ययन करेंगे:

1. प्रवेशिका (Pravesh) : यह स्काउट आंदोलन में कदम रखने का सबसे पहला और बुनियादी द्वार है।

न्यूनतम अवधि : 3 माह।

उद्देश्य : नए बालक को स्काउटिंग के वातावरण, अनुशासन और इसके मूलभूत सिद्धांतों से परिचित कराना।

पाठ्यक्रम एवं आवश्यकताएँ :

- स्काउट प्रतिज्ञा (Promise) और स्काउट नियमों (Law) को कंठस्थ करना और उनके अर्थ समझना।
- स्काउट चिन्ह (Sign), सैल्यूट (Salute) और 'बाएँ हाथ का मिलाप' (Left Handshake) का सही तरीका जानना और प्रदर्शन करना।
- राष्ट्रीय ध्वज, स्काउट ध्वज और भारत स्काउट्स एवं गाइड्स के झंडे के इतिहास व महत्व को समझना तथा ध्वज-वंदन के नियम जानना।
- अपने दल के अंतर्गत कम से कम 10 दिनों तक अपनी टोली (Patrol) की बैठकों में सक्रियता से शामिल होना।

पहचान : इस स्तर की परीक्षा उत्तीर्ण करने पर स्काउट को 'प्रवेशिका बैज' प्रदान किया जाता है।

2. प्रथम सोपान (Pratham Sopan) : प्रथम सोपान स्काउटिंग की व्यावहारिक सीढ़ी का पहला कदम है। इसे पूरा करने के बाद स्काउट आत्मनिर्भरता के बुनियादी कौशलों में पारंगत हो जाता है।

न्यूनतम अवधि : 6 माह।

उद्देश्य : व्यावहारिक जीवन कौशल की शुरुआत करना और टोली भावना (Patrol Spirit) को मजबूत करना।

पाठ्यक्रम एवं आवश्यकताएँ :

क) आत्म-देखभाल और व्यक्तिगत दक्षता (Looking After Yourself)

- गृह कार्य : अपने घर पर माता-पिता के प्रति अपने कर्तव्यों को सही ढंग से समझना और निभाना।
- दैनिक कार्य : सुबह उठकर अपना बिस्तर स्वयं और सुव्यवस्थित रूप से लगाने में सक्षम होना।
- स्वास्थ्य के नियम : व्यक्तिगत स्वच्छता, दाँतों, नाखूनों और शरीर की सफाई से संबंधित स्वास्थ्य नियमों का पालन करना।
- शारीरिक अभ्यास : लॉर्ड बेडेन पॉवेल द्वारा प्रतिपादित 'बी.पी. सिक्स व्यायाम' (B.P. Six Exercises) सीखना और दैनिक जीवन में योग, आसन या सूर्य नमस्कार का अभ्यास करना।
- हस्तशिल्प और रखरखाव : शर्ट का टूटा बटन स्वयं सिलना, अपने कैनवास या चमड़े के जूतों को साफ व पॉलिश करना।
- प्राथमिक उपचार किट : अपनी एक व्यक्तिगत प्राथमिक उपचार किट (First Aid Kit) तैयार करना और उसमें रखी प्रत्येक सामग्री के उपयोग को जानना।

ख) अनुशासन और टोली ज्ञान (Discipline & Patrol System)

- टोली का परिचय : अपनी टोली के नाम, उसके ध्वज, टोली के जयकारे (Yell), टोली गीत, टोली कॉल (विशेष ध्वनि) और टोली कॉर्नर को जानना। 'टोली-इन-काउंसिल' (Patrol-in-Council) की बैठकों में भाग लेना।
- संकेत ज्ञान : स्काउट मास्टर या टोली नायक द्वारा दिए जाने वाले हाथ के संकेतों (Hand Signals) और सीटी के संकेतों (Whistle Signals) को पहचानना और उनका पालन करना।
- मार्चिंग/फुट ड्रिल : सावधान, विश्राम, आराम से, दाहिने मुड़, बाएँ मुड़, और पीछे मुड़ के कमांड्स का सही और अनुशासित प्रदर्शन करना।

ग) रस्सी का कार्य (Rope Work) : रस्सी का कार्य स्काउटिंग की आत्मा है।
प्रथम सोपान में निम्नलिखित कौशल अनिवार्य हैं :

- विपिंग (Whipping) : रस्सी के खुले सिरे को बिखरने से रोकने के लिए उस पर धागे से 'विप' लगाना।
- बुनियादी गाँठें : निम्नलिखित गाँठों को बाँधना और उनका व्यावहारिक उपयोग बताना:
- रीफ गाँठ (Reef Knot) : प्राथमिक उपचार में पट्टियाँ बाँधने हेतु।
- शीट बेंड (Sheet Bend) : दो अलग-अलग मोटाई की रस्सियों को जोड़ने हेतु।
- क्लोव हिच (Clove Hitch) : खूँटा फाँस, किसी भी बंधन की शुरुआत के लिए।
- बोलाइन (Bowline) : जीवन रक्षक गाँठ, जो कभी फिसलती नहीं।
- शीप शैंक (Sheep Shank) : रस्सी को काटे बिना उसकी लंबाई कम करने या कमजोर हिस्से को बचाने हेतु।
- फिशरमैन गाँठ (Fisherman Knot) : गीली या चिकनी रस्सियों को जोड़ने हेतु।
- राउंड टर्न एंड टू हाफ हिचेस: रस्सी को किसी लट्ठे या रिंग से मजबूती से बाँधने हेतु।
- बंधन (Lashing) : दो बल्लियों को आपस में समानांतर जोड़ने के लिए 'शीयर लैशिंग' (Sheer Lashing Mark I & Mark II) का प्रदर्शन करना।
- उपकरण निर्माण : घर या शिविर में उपयोगी कोई एक हस्तशिल्प या उपयोगी गैजेट (Gadget) बनाना।

SAILORS

SQUARE

BOW LINE

CARRICK

CLOVE HITCH

SHEET BEND

BLACKWALL HITCH

HALF HITCH

CATS PAW

TIMBER HITCH

SHEEP SHANK

MARLING HITCH

SHEET

OVER HAND

FISHERMAN'S BEND

घ) सेवा और प्राथमिक उपचार (Service & First Aid)

- सेवा परियोजना : स्काउट मास्टर के मार्गदर्शन में अपने स्कूल या स्थानीय स्काउट मुख्यालय परिसर में किसी एक सेवा परियोजना को पूरा करना।
- प्राथमिक उपचार के स्वर्णिम नियम : फर्स्ट एड की परिभाषा और इसके मूल नियमों (Golden Rules) को जानना।
- बुनियादी उपचार : खेल के मैदान में होने वाली साधारण दुर्घटनाओं जैसे—हल्का कटने (Cuts), जलने (Burns) या नाक से खून बहने (नकसीर/Bleeding from nose) की स्थिति में प्राथमिक उपचार देना।
- पारिवारिक सहयोग : माता-पिता की सहायता से लगातार एक सप्ताह तक घर की जिम्मेदारियाँ (जैसे पानी भरना, खाना पकाना, मेहमानों का स्वागत, साफ-सफाई) संभालना।
- प्रकृति अध्ययन : टोली के साथ मिलकर एक प्रकृति अध्ययन परियोजना (Nature Study Project) पूरी करना या स्थानीय ग्राम पंचायत/नगर पालिका कार्यालय का दौरा कर किसी एक सार्वजनिक सेवा की रिपोर्ट सौंपना।

ङ) संचार और बाहरी गतिविधियाँ (Communication & Outdoors)

- संचार : आधुनिक मोबाइल फोन, इंटरनेट और पीसीओ के सकारात्मक उपयोग व सुविधाओं से परिचित होना।
- वुड क्राफ्ट संकेत : जंगल में रास्ता खोजने के लिए प्रयोग होने वाले पारंपरिक संकेतों (Wood Craft Signs) को जानना और उनकी मदद से कम से कम आधा किलोमीटर की पगडंडी (Trail) का सफलतापूर्वक अनुसरण करना।
- सड़क सुरक्षा : पैदल चलने वालों के लिए सड़क सुरक्षा के नियमों (Traffic Rules) को जानना और उनका पालन करना।

प्रथम सोपान बैज की पहचान : सभी परीक्षणों को पूरा करने पर स्काउट मास्टर की संस्तुति पर जिला संघ द्वारा 'प्रथम सोपान बैज' दिया जाता है। यह एक हरा स्क्रॉल होता है जिस पर देवनागरी में "तैयार" लिखा होता है। इसे बाईं आस्तीन पर कोहनी और कंधे के बीच में पहना जाता है।

3. द्वितीय सोपान (Dwitiya Sopan) यह प्रशिक्षण का मध्य चरण है, जो स्काउट को खुले आसमान के नीचे और अधिक साहसी व आत्मनिर्भर बनाता है।

न्यूनतम अवधि : 6 माह।

उद्देश्य : संकट प्रबंधन, नेतृत्व क्षमता और उन्नत आउटडोर कौशलों का विकास।

पाठ्यक्रम एवं आवश्यकताएँ :

क) पायनियरिंग और औज़ार ज्ञान (Advanced Pioneering)

- गाँठें : टिम्बर हिच (Timber hitch), रोलिंग हिच (Rolling hitch), मार्लिन स्पाइक/लीवर हिच (Marline spike), और फिगर ऑफ एट (Figure of Eight knot) बाँधना।
- बंधन : बल्लियों को ९० डिग्री पर जोड़ने के लिए स्क्वायर लैशिंग (Square Lashing) और क्रॉस में जोड़ने के लिए फिगर ऑफ एट लैशिंग का उपयोग करना।
- औजारों का उपयोग : कुल्हाड़ी (Hand Axe), चॉपर, डैगर या पेन नाइफ के उपयोग के सुरक्षा नियमों को जानना तथा उन्हें तेज (Sharpening) रखना सीखना। इसके साथ ही घरेलू औजारों (स्क्रू ड्राइवर, प्लास, हथौड़ी) का सही उपयोग जानना।

ख) शिविर कला, आग और भोजन (Campcraft & Cooking)

- आग के प्रकार : स्काउटिंग और कैंपिंग में इस्तेमाल होने वाली विभिन्न प्रकार की आग (जैसे रिफ्लेक्टर फायर, स्टार फायर, ट्रेंच फायर) के बारे में जानना।
- अल्प संसाधनों में आग : खुले मैदान में बिना किसी सहायता के, अधिकतम दो माचिस की तीलियों का उपयोग करके लकड़ी की आग जलाना।
- कैंप कुकिंग : केरोसिन या गैस स्टोव का रखरखाव जानना। खुले आसमान के नीचे बिना बर्तनों के या न्यूनतम बर्तनों में दो व्यक्तियों के लिए पर्याप्त भोजन (जैसे खिचड़ी, दाल-चावल) और चाय/कॉफी बनाना। गैस लीक होने पर सुरक्षा सावधानियों की जानकारी रखना।

ग) कम्पास और मानचित्र ज्ञान (Compass & Mapping)

- कम्पास के बिंदु : प्रिजमैटिक कम्पास के १६ दिशा बिंदुओं (16 Points of Compass) का ज्ञान होना।
- तारों से दिशा ज्ञान : रात के समय आकाश में सप्तर्षि और ध्रुवतारे (Constellations) की सहायता से उत्तर दिशा खोजना।
- बेयरिंग (Bearing) : कम्पास की मदद से अपनी स्थिति से किसी दृश्य वस्तु का डिग्री कोण (बेयरिंग) निकालना और दी गई बेयरिंग के आधार पर ट्रैक का पीछा करना।
- मानचित्र की भाषा: स्केल (Scale), पारंपरिक चिन्ह (Conventional Signs), समोच्च रेखाएँ (Contours) और ग्रिड रेफरेंस (Grid Reference) को समझना।

घ) प्राथमिक उपचार और अनुमान (First Aid & Estimation)

- उन्नत फर्स्ट एड : गंभीर घाव, अत्यधिक रक्तस्राव (Bleeding), जलने-झुलसने (Scalds), मोच (Sprain) और बिच्छू या सांप के डंक/काटने की स्थिति का प्रबंधन।
- पट्टी बाँधना : रोलर पट्टियों का उपयोग और फ्रैक्चर की स्थिति में त्रिकोणीय पट्टी (Triangular Bandage) का उपयोग प्रदर्शित करना।
- स्ट्रेचर निर्माण : लाठियों और शर्ट या रस्सी की मदद से आपातकालीन स्ट्रेचर (Improvised Stretcher) बनाना।
- अनुमान लगाना (Estimation) : बिना किसी फीते के, केवल अपनी सूझबूझ और किसी लकड़ी की मदद से ३० से १०० मीटर के बीच की चौड़ाई (जैसे नदी की चौड़ाई) या दूरी का अनुमान लगाना। अपनी कदम की लंबाई (Stride) जानकर दूरी नापना।

ङ) इंद्रिय प्रशिक्षण एवं Kim's Game (Sense Training)

बेडेन पॉवेल द्वारा शुरू किए गए प्रसिद्ध 'किम के खेल' (Kim's Games) के माध्यम से अपनी पाँचों ज्ञानेंद्रियों (देखना, सुनना, चखना, सूँघना और स्पर्श करना) की तीक्ष्णता और स्मरण शक्ति का विकास करना।

च) डिजिटल साक्षरता और नागरिकता (Digital Literacy & Service)

- कंप्यूटर का बुनियादी ज्ञान, मोबाइल और इंटरनेट के लाभ-हानि को समझना। भारत स्काउट्स एवं गाइड्स की आधिकारिक वेबसाइट (BSG Website) को ब्राउज़ करना सीखना।
- पर्यावरण संरक्षण : समाज में 3R's (Reduce, Reuse, Recycle) का प्रदर्शन करना। अपनी टोली के साथ एंटी-लिटर (कचरा विरोधी) अभियान चलाना।

अर्हता : द्वितीय सोपान के दौरान स्काउट को अपनी रुचि के किन्हीं दो दक्षता बैजों (जैसे: कुक, साइकिल चालक, धोबी, माली, वाचक आदि) को उत्तीर्ण करना अनिवार्य होता है।

4. तृतीय सोपान (Tritiya Sopan) : यह सोपान स्काउट कार्यक्रम की तकनीकी पराकाष्ठा है, जो स्काउट को एक पूर्ण लीडर के रूप में स्थापित करता है।

न्यूनतम अवधि : 9 माह।

उद्देश्य : टोली का कुशल नेतृत्व करना, उन्नत आपदा प्रबंधन और समाज सेवा में अग्रणी भूमिका निभाना।

पाठ्यक्रम एवं आवश्यकताएँ :

क) उच्च स्तरीय पायनियरिंग (Advanced Pioneering)

- जटिल गाँठें : फायरमैन्स चेयर गाँठ (आग से बचाने वाली), मैन हार्नेस गाँठ, बोलाइन ऑन ए बाइट (Bowline on a bight) और ड्रॉ हिच (Draw Hitch)।
- डायगोनल लैशिंग (Diagonal Lashing) : तिरछे बंधन का सही उपयोग।
- ध्वज मस्तक निर्माण : अपनी टोली की मदद से बिना किसी स्थायी सहारे के, तीन स्काउट लाठियों (Staves) को आपस में बाँधकर एक सुंदर ध्वज मस्तूल (Flag Mast) बनाना और उस पर 'ध्वज तोड़ना' (Flag Break) प्रदर्शित करना।
- अस्थायी आश्रय : जंगल में रहने के लिए तिरपाल और लाठियों से एक मजबूत टेंट या शेल्टर बनाना।

ख) तैराकी और शारीरिक दक्षता (Swimming or Alternative Badge)

सुरक्षा नियमों का पालन करते हुए लगातार ५० मीटर तैरने की क्षमता रखना और पानी में ऐंठन (Cramps) आने पर बचाव जानना। (तैराकी न आने की स्थिति में एथलीट, हाइकर, योग, या जिमनास्ट में से कोई एक कठिन बैज अर्जित करना)।

ग) आपातकालीन प्राथमिक उपचार (Emergency First Aid)

डूबते हुए व्यक्ति को बचाना, बिजली का झटका (Electric Shock) लगने पर, रोड एक्सीडेंट में या आग में फँसे व्यक्ति को बाहर निकालना।

दम घुटने (Choking) का इलाज, कॉलर बोन (हँसली) और रीढ़ की हड्डी के फ्रैक्चर का प्रबंधन।

सी.पी.आर. (CPR) : कार्डियो पल्मोनरी रिससिटेशन का व्यावहारिक प्रदर्शन करना और बेहोश मरीज को 'रिकवरी पोजीशन' में लेटाना।

घ) आधुनिक मानचित्रण (Advanced Mapping)

स्मार्टफोन में जीपीएस मैप (GPS Mapping) का उपयोग करके दिए गए अज्ञात रूट को खोजना। प्लेन टेबल विधि या ट्राइएंगुलेशन विधि से किसी क्षेत्र का सटीक स्केच मैप (Gilwell Sketch) बनाना।

5. राज्य पुरस्कार (Rajya Puraskar) : तृतीय सोपान के बाद स्काउट 'राज्य पुरस्कार' का अधिकारी बनता है। यह राज्य स्तर का सर्वोच्च सम्मान है।

न्यूनतम अवधि : तृतीय सोपान के बाद कम से कम १ वर्ष का सक्रिय अनुभव।

मुख्य आवश्यकताएँ :

- स्काउटिंग के इतिहास और दर्शन का उच्चतम स्तर पर ज्ञान।
- समाज के विकास के लिए किसी गाँव या मोहल्ले में एक लंबी सामुदायिक सेवा परियोजना (Community Service Project) को सफलतापूर्वक पूरा करना।
- राज्य मुख्यालय द्वारा आयोजित एक कड़े टेस्टिंग कैंप (Testing Camp) को उत्तीर्ण करना।
- अलंकृत सम्मान: यह पुरस्कार राज्य के महामहिम राज्यपाल महोदय या मुख्यमंत्री के कर-कमलों द्वारा एक भव्य राजकीय समारोह में प्रमाण पत्र और विशिष्ट बैज के रूप में प्रदान किया जाता है।

6. राष्ट्रपति पुरस्कार (Rashtrapati Puraskar) : यह भारत स्काउट्स एवं गाइड्स का सर्वोच्च राष्ट्रीय सम्मान है, जो किसी भी स्काउट के जीवन का स्वर्णिम स्वप्न होता है।

पात्रता : केवल राज्य पुरस्कार प्राप्त स्काउट ही इसके योग्य होते हैं।

मुख्य आवश्यकताएँ :

- राज्य पुरस्कार प्राप्त करने के बाद, विशिष्ट श्रेणियों के अंतर्गत ८ से १० अत्यंत कठिन दक्षता बैज (Proficiency Badges) अर्जित करना।
- राष्ट्रीय स्तर की उच्च सेवा परियोजनाओं (जैसे साक्षरता अभियान, रक्तदान शिविर, पर्यावरण संरक्षण) का कुशल संचालन।
- राष्ट्रीय मुख्यालय द्वारा नियुक्त 'नेशनल बोर्ड ऑफ एग्जामिनर्स' द्वारा आयोजित अत्यंत कठिन 'राष्ट्रीय मूल्यांकन शिविर' (National Testing Camp) को सफलतापूर्वक उत्तीर्ण करना।

सर्वोच्च गौरव : यह अद्वितीय पुरस्कार प्रतिवर्ष देश की राजधानी नई दिल्ली में भारत के महामहिम राष्ट्रपति महोदय द्वारा स्वयं अपने हाथों से प्रदान किया जाता है।

स्व-मूल्यांकन एवं अभ्यास (Exercise)

1. स्काउटिंग में 'प्रगतिशील प्रशिक्षण' से क्या तात्पर्य है? इसके महत्व को रेखांकित कीजिए।
2. प्रथम सोपान के अंतर्गत 'रस्सी के कार्य' (Rope Work) में कौन-कौन सी गाँठें और बंधन अनिवार्य हैं?
3. द्वितीय सोपान के 'किम के खेल' (Kim's Game) का क्या उद्देश्य है? यह ज्ञानेंद्रियों को कैसे प्रशिक्षित करता है?
4. तृतीय सोपान में सिखाए जाने वाले ध्वज मस्तूल (Flag Mast) निर्माण की प्रक्रिया को समझाइए।
5. राज्य पुरस्कार और राष्ट्रपति पुरस्कार के बीच के अंतर और उनकी चयन प्रक्रिया को स्पष्ट कीजिए।

5

नैतिक आधार–स्काउट प्रतिज्ञा और नियम

स्काउटिंग केवल बाहरी कौशल (Knots, Camping) का प्रशिक्षण नहीं है, बल्कि यह आंतरिक चरित्र के निर्माण का एक गहन पाठ्यक्रम है। इस चरित्र निर्माण की नींव स्काउट प्रतिज्ञा और स्काउट नियमों पर टिकी है। ये दोनों मिलकर एक नैतिक आचार संहिता (Moral Code) बनाते हैं, जो हर स्काउट को सही और गलत के बीच भेद करने का मार्गदर्शन करती है।

स्काउट प्रतिज्ञा: जीवन का अटूट संकल्प (The Scout Promise: An Unbreakable Resolve)

प्रतिज्ञा (Promise) वह स्वैच्छिक और औपचारिक घोषणा है जिसके द्वारा एक युवा स्काउट/गाइड आंदोलन में शामिल होता है। यह एक शपथ है जो व्यक्ति अपने ईश्वर, देश और स्वयं से लेता है। प्रतिज्ञा की गंभीरता इसलिए अधिक है, क्योंकि यह युवा अपनी पूरी ईमानदारी से लेता है।

स्काउट प्रतिज्ञा (Scout Promise):

"मैं मर्यादापूर्वक प्रतिज्ञा करता हूँ कि मैं यथाशक्तिः

- ईश्वर और अपने देश के प्रति अपने कर्तव्य का पालन करूँगा।
- सदैव दूसरों की सहायता करूँगा।
- स्काउट नियम का पालन करूँगा।"

गाइड प्रतिज्ञा (Guide Promise):

"मैं मर्यादापूर्वक प्रतिज्ञा करती हूँ कि मैं यथाशक्तिः

- ईश्वर और अपने देश के प्रति अपने कर्तव्य का पालन करूँगी।
- सदैव दूसरों की सहायता करूँगी।
- गाइड नियम का पालन करूँगी ।"

प्रतिज्ञा के तीन मूलभूत अंगः

- **ईश्वर के प्रति कर्तव्य :** इसका अर्थ किसी विशेष धर्म का कठोर पालन नहीं है, बल्कि उस सर्वोच्च शक्ति में विश्वास रखना है जो व्यक्ति को नैतिक और आध्यात्मिक बल प्रदान करती है। यह विनम्रता, ईमानदारी और सत्य के प्रति समर्पण सिखाता है। **देश के प्रति कर्तव्य :** इसका अर्थ है राष्ट्र के प्रति वफादार होना, कानूनों का सम्मान करना और जिम्मेदार नागरिक के रूप में देश की सेवा करना। यह केवल देशभक्ति का नारा नहीं, बल्कि सक्रिय नागरिकता का बोध कराता है।
- **सदैव दूसरों की सहायता :** यह स्काउटिंग का मूल मंत्र है। इसका अर्थ है हर दिन कम से कम एक अच्छा काम (Good Turn) निस्वार्थ भाव से करना।यह सेवाभाव सिखाता है कि हम अपने स्वार्थ से ऊपर उठकर समाज के लिए जिएँ। यह उस मानवता को दर्शाता है जो हमें दूसरों के दुख को समझने और उनकी मदद के लिए हमेशा तैयार (Be Prepared) रहने के लिए प्रेरित करती है।

- **स्काउट नियम का पालन :** यह तीसरा भाग अगले, अधिक विस्तृत नैतिक ढांचे—स्काउट नियमों—को स्वीकार करने की प्रतिबद्धता है। प्रतिज्ञा व्यक्ति को नियमों के अनुसार जीवन जीने का संकल्प देती है।

स्काउट नियमः चरित्र निर्माण के दस सूत्र (The Scout Law: Ten Codes for Character Building)

यदि प्रतिज्ञा गंतव्य (Destination) है, तो नियम उस गंतव्य तक पहुँचने का मार्ग है। स्काउट नियम एक नैतिक कंपास (Moral Compass) की तरह हैं, जो जीवन की हर परिस्थिति में सही दिशा दिखाते हैं।

स्काउट नियम (Scout Law):

1. स्काउट विश्वसनीय होता है। (A Scout is Trustworthy)
2. स्काउट वफादार होता है। (A Scout is Loyal)
3. स्काउट सबका मित्र तथा प्रत्येक दूसरे स्काउट का भाई होता है। (A Scout is a Friend to all and a Brother to every other Scout)
4. स्काउट विनम्र होता है। (A Scout is Courteous)
5. स्काउट पशु-पक्षियों का मित्र तथा प्रकृति प्रेमी होता है। (A Scout is a Friend to animals and loves nature)
6. स्काउट अनुशासित होता है तथा सार्वजनिक सम्पत्ति की रक्षा में सहायता करता है। (A Scout is Disciplined and helps protect public property)
7. स्काउट साहसी होता है। (A Scout is Courageous)
8. स्काउट मितव्ययी होता है। (A Scout is Thrifty)
9. स्काउट मन, वचन और कर्म से शुद्ध होता है। (A Scout is Clean in thought, word and deed)

गाइड नियम **(Guide Law):**

1. गाइड विश्वसनीय होती है। (A Guide is Trustworthy)
2. गाइड वफादार होती है। (A Guide is Loyal)
3. गाइड सबकी मित्र तथा प्रत्येक दूसरे गाइड की बहन होती है। (A Guide is a Friend to all and a Sister to every other Guide)
4. गाइड विनम्र होती है। (A Guide is Courteous)
5. गाइड पशु-पक्षियों की मित्र तथा प्रकृति प्रेमी होती है। (A Guide is a Friend to animals and loves nature)
6. गाइड अनुशासित होती है तथा सार्वजनिक सम्पत्ति की रक्षा में सहायता करती है। (A Guide is Disciplined and helps protect public property)
7. गाइड साहसी होती है। (A Guide is Courageous)
8. गाइड मितव्ययी होती है। (A Guide is Thrifty)
9. गाइड मन, वचन और कर्म से शुद्ध होती है। (A Guide is Clean in thought, word and deed)

नियमों की विस्तृत व्याख्या

ये नियम केवल रटने के लिए नहीं हैं, बल्कि जीवन जीने की कला हैं:

- **विश्वसनीयता (Trustworthiness):** यह नियम ईमानदारी और भरोसे की नींव है। एक स्काउट का वचन उसका बंधन होता है—"मैं अपनी प्रतिज्ञा का पालन करूँगा।"
- **वफादारी (Loyalty):** परिवार, विद्यालय, टोली, और देश के प्रति सच्चा और समर्पित होना। विपरीत परिस्थितियों में भी अपने सिद्धांतों पर अडिग रहना।
- **मित्रता और भाईचारा (Friendship & Brotherhood):** स्काउटिंग जाति, धर्म और सीमा से परे विश्व-बंधुत्व सिखाती है। एक स्काउट सभी का मित्र होता है, खासकर ज़रूरतमंदों का।
- **विनम्रता (Courtesy):** शिष्टाचार और सम्मान का प्रदर्शन करना। यह दिखाता है कि एक अनुशासित व्यक्ति कैसे दूसरों के साथ सम्मान से व्यवहार करता है।

- **प्रकृति प्रेम (Love for Nature):** बेडेन पॉवेल ने प्रकृति को सर्वोत्तम शिक्षक माना। यह नियम पर्यावरण की रक्षा करने और वन्यजीवों के प्रति दयालु होने का पाठ पढ़ाता है।
- **अनुशासन और रक्षक (Discipline & Protector):** स्वयं पर नियंत्रण रखना और नियमों का पालन करना। सार्वजनिक संपत्ति को अपनी संपत्ति समझना और उसकी रक्षा करना।
- **साहस (Courage):** केवल शारीरिक बल नहीं, बल्कि नैतिक साहस (Moral Courage)—सही बात के लिए खड़े होने और गलत काम से बचने की हिम्मत रखना।
- **मितव्ययिता (Thriftiness):** धन और समय दोनों का सदुपयोग करना। फिजूलखर्ची से बचना और बचत की आदत डालना।
- **पवित्रता (Purity):** मन (विचारों), वचन (भाषा) और कर्म (कार्यों) में शुद्धता बनाए रखना। यह सर्वोच्च नियम एक स्काउट को पूर्ण और नैतिक जीवन जीने के लिए प्रेरित करता है।

प्रतिज्ञा और नियम का दैनिक जीवन में अनुप्रयोग (Application in Daily Life)

स्काउटिंग के नियम यूनिफॉर्म उतारने के बाद खत्म नहीं होते। वे एक आंतरिक प्रेरणा बनकर हर दिन मार्गदर्शन करते हैं। जब कोई युवा किसी समस्या का सामना करता है, तो वह इन नियमों के माध्यम से सोचता है: एक विश्वसनीय/साहसी/वफादार स्काउट इस स्थिति में क्या करेगा? इस प्रकार, प्रतिज्ञा और नियम युवाओं को आत्म-नियंत्रण और विवेकपूर्ण निर्णय लेने की शक्ति देते हैं।

स्व-मूल्यांकन एवं अभ्यास (Exercise)

1. स्काउट प्रतिज्ञा को स्पष्ट अक्षरों में लिखिए तथा इसके तीन प्रमुख अंगों की व्याख्या कीजिए।
2. स्काउट प्रतिज्ञा में 'ईश्वर के प्रति कर्तव्य' से क्या तात्पर्य है? क्या यह किसी विशेष संप्रदाय से जुड़ा है?
3. भारत स्काउट्स एवं गाइड्स के किन्हीं पाँच नियमों को लिखिए और उनके व्यावहारिक महत्व को समझाइए।
4. एक स्काउट के लिए 'साहस' और 'मितव्ययिता' का क्या अर्थ है? दैनिक जीवन के उदाहरण देकर स्पष्ट करें।
5. "स्काउटिंग नियमों का पालन केवल यूनीफॉर्म पहनने तक सीमित नहीं है।" इस कथन की समीक्षा कीजिए।

6

ध्वज प्रतीक और चिह्न

ध्वज की परिभाषा (Definition of a Flag)

ध्वज कपड़े का एक टुकड़ा होता है, जिसे विशेष रंग और डिजाइन के साथ बनाया जाता है। इसे प्रतीकवाद (Symbolism), पहचान और संदेश व्यक्त करने के लिए इस्तेमाल किया जाता है। एक ध्वज किसी राष्ट्र, सेना, संगठन या संस्था के आदर्शों, इतिहास और एकता का प्रतिनिधित्व करता है। ध्वज को फहराना उस इकाई के प्रति सम्मान और निष्ठा प्रकट करने का एक औपचारिक तरीका है।

भारत का राष्ट्र ध्वज: 'तिरंगा' (The National Flag of India: The 'Tiranga')

भारत का राष्ट्र ध्वज, जिसे लोकप्रिय रूप से 'तिरंगा' (Tri-colour) कहा जाता है, हमारे देश की आशाओं, बलिदान और संप्रभुता का प्रतीक है। स्काउट प्रतिज्ञा का पहला भाग "अपने देश के प्रति अपने कर्तव्य का पालन करूँगा" सीधे इस ध्वज के सम्मान से जुड़ा है। राष्ट्रीय ध्वज का डिज़ाइन 22 जुलाई 1947 को भारत की संविधान सभा द्वारा अपनाया गया था।

स्वरूप और माप (Design and Dimensions) -

- **आकृति :** यह आयताकार (Rectangular) होता है।
- **अनुपात (Ratio):** इसकी लंबाई और चौड़ाई का अनुपात हमेशा 3:2 होता है।
- **खंड :** यह समान चौड़ाई की तीन क्षैतिज पट्टियों (Horizontal Stripes) से मिलकर बना है।

पट्टियों का क्रम और रंग का अर्थ :

शीर्ष गहरा **केसरिया** (Deep Saffron)साहस, बलिदान और वैराग्य का प्रतीक। यह देश के प्रति त्याग की भावना को दर्शाता है।
मध्य **सफेद** (White)शांति, सत्य और पवित्रता का प्रतीक। यह देश में सद्भाव और शांति बनाए रखने के लक्ष्य को दर्शाता है।
नीचे गहरा **हरा** (Deep Green)विश्वास, उर्वरता और समृद्धि का प्रतीक। यह भारत की धरती और हरियाली से संबंध दर्शाता है।
केंद्र में अशोक चक्र (The Ashoka Chakra in the Centre):

- **स्थान :** यह सफेद पट्टी के ठीक केंद्र में गहरे नीले रंग का चक्र है।

- **स्वरूप :** इसमें 24 तीलियाँ (Spokes) होती हैं, जो धर्म और विधि के 24 घंटों का प्रतिनिधित्व करती हैं।
- **अर्थ :** यह चक्र गति (Motion) को दर्शाता है—"समय रुकता नहीं।" यह राष्ट्र को यह संदेश देता है कि भारत प्रगति और विकास के पथ पर हमेशा आगे बढ़ता रहेगा।

डिज़ाइन और इतिहास : इसकी अभिकल्पना पिंगली वैंकैया ने की थी। संविधान सभा ने इसे 22 जुलाई 1947 को अपनाया था। इसे पहली बार लाल किले पर स्वतंत्रता के बाद 16 अगस्त 1947 को फहराया गया था।

ध्वज संहिता

26 जनवरी 2002 को भारतीय ध्वज संहिता में संशोधन किया गया और स्वतंत्रता के कई वर्ष बाद भारत के नागरिकों को अपने घरों, कार्यालयों और फैक्टरी में न केवल राष्ट्रीय दिवसों पर, बल्कि किसी भी दिन बिना किसी रुकावट के फहराने की अनुमति मिल गई। अब भारतीय नागरिक राष्ट्रीय झंडे को शान से कहीं भी और किसी भी समय फहरा सकते है। बशर्ते कि वे ध्वज की संहिता का कठोरता पूर्वक पालन करें और तिरंगे की शान में कोई कमी न आने दें। सुविधा की दृष्टि से भारतीय ध्वज संहिता, 2002 को तीन भागों में बांटा गया है। संहिता के पहले भाग में राष्ट्रीय ध्वज का सामान्य विवरण है। संहिता के दूसरे भाग में जनता, निजी संगठनों, शैक्षिक संस्थानों आदि के सदस्यों द्वारा राष्ट्रीय ध्वज के प्रदर्शन के विषय में बताया गया है। संहिता का तीसरा भाग केन्द्रीय और राज्य सरकारों तथा उनके संगठनों और अभिकरणों द्वारा राष्ट्रीय ध्वज के प्रदर्शन के विषय में जानकारी देता है।

स्काउटिंग में राष्ट्र ध्वज का सम्मान

स्काउट्स को राष्ट्र ध्वज को फहराने, उतारने और उसके भंडारण (Storage) के संबंध में सभी ध्वज संहिता (Flag Code) नियमों का पालन करना सिखाया जाता है। ध्वज को कभी भी जमीन पर नहीं छूना चाहिए, न ही इसका प्रयोग व्यावसायिक उद्देश्यों के लिए किया जाना चाहिए।

क्या करें :

राष्ट्रीय ध्वज को शैक्षिक संस्थानों (विद्यालयों, महाविद्यालयों, खेल परिसरों, स्काउट शिविरों आदि) में ध्वज को सम्मान देने की प्रेरणा देने के लिए फहराया जा सकता है। विद्यालयों में ध्वज आरोहण में निष्ठा की एक शपथ शामिल की गई है।

किसी सार्वजनिक, निजी संगठन या एक शैक्षिक संस्थान के सदस्य द्वारा राष्ट्रीय ध्वज का अरोहण/प्रदर्शन सभी दिनों और अवसरों, आयोजनों पर अन्यथा राष्ट्रीय ध्वज के मान सम्मान और प्रतिष्ठा के अनुरूप अवसरों पर किया जा सकता है।

नई संहिता की धारा 2 में सभी निजी नागरिकों अपने परिसरों में ध्वज फहराने का अधिकार देना स्वीकार किया गया है।

क्या न करें :

इस ध्वज को सांप्रदायिक लाभ, पर्दें या वस्त्रों के रूप में उपयोग नहीं किया जा सकता है। जहां तक संभव हो इसे मौसम से प्रभावित हुए बिना सूर्योदय से सूर्यास्त तक फहराया जाना चाहिए।

इस ध्वज को आशय पूर्वक भूमि, फर्श या पानी से स्पर्श नहीं कराया जाना चाहिए। इसे वाहनों के हुड, ऊपर और बगल या पीछे, रेलों, नावों या वायुयान पर लपेटा नहीं जा सकता।

किसी अन्य ध्वज या ध्वज पट्ट को हमारे ध्वज से ऊंचे स्थान पर लगाया नहीं जा सकता है। तिरंगे ध्वज को वंदनवार, ध्वज पट्ट या गुलाब के समान संरचना बनाकर उपयोग नहीं किया जा सकता।

स्काउट प्रतीक

प्रत्येक आंदोलन की अपनी एक पहचान होती है, जो उसके सदस्यों को एक सूत्र में बांधती है और उनके साझा मूल्यों को दर्शाती है। स्काउटिंग और गाइडिंग में भी ऐसे कई शक्तिशाली प्रतीक हैं, जो इसके दर्शन, उद्देश्यों और अंतर्राष्ट्रीय भाईचारे का प्रतिनिधित्व करते हैं। ये प्रतीक न केवल बाहरी पहचान देते हैं, बल्कि आंतरिक प्रेरणा का स्रोत भी बनते हैं।

स्काउट प्रतीक: त्रिपत्र (Fleur-de-lis)

स्काउट प्रतीक विश्व स्तर पर स्काउटिंग की सबसे प्रसिद्ध पहचान है। यह मूल रूप से एक फ्रांसीसी राजशाही चिन्ह 'फ्लेर-डे-लिस' से प्रेरित है, जिसे लॉर्ड बेडेन पॉवेल ने अपने सैन्य अनुभवों के आधार पर स्काउटिंग के लिए अनुकूलित किया।

प्रतीक का स्वरूप

यह एक त्रिपत्र (तीन पत्तियों वाला) निशान है, जिसके केंद्रीय भाग में एक सुई जैसा निशान (Needle) होता है और दोनों बाहरी पत्तियाँ नीचे की ओर मुड़ी होती हैं। इसके चारों ओर एक रस्सी की गाँठ होती है।

प्रतीक का अर्थ एवं महत्व

- **तीन पत्तियाँ :** ये स्काउट प्रतिज्ञा के तीन मूलभूत अंगों (ईश्वर और देश के प्रति कर्तव्य, दूसरों की सहायता, और स्काउट नियम का पालन) का प्रतिनिधित्व करती हैं।
- **केंद्रीय सुई (Needle) :** यह एक दिशानिर्देशित सुई (Compass Needle) की तरह है, जो हर स्काउट को सही दिशा—सेवा और कर्तव्य—की ओर इंगित करती है।
- **दोनों बाहरी पत्तियाँ :** ये आश्रय (Shelter) और सुरक्षा (Protection) का प्रतीक हैं, खासकर कमजोर और ज़रूरतमंदों के लिए।
- **रस्सी की गाँठ (Reef Knot) :** यह विश्व-बंधुत्व (World Brotherhood) और स्काउट आंदोलन के सदस्यों के बीच अटूट बंधन को दर्शाती है। यह दिखाता है कि दुनिया भर के स्काउट्स एक ही आदर्श से बंधे हुए हैं।
- **भारत स्काउट्स एवं गाइड्स का विशेष चिह्न :** भारतीय संदर्भ में, इस प्रतीक के केंद्र में अशोक चक्र होता है, जो भारत के राष्ट्र ध्वज का भी हिस्सा है। यह भारत की संस्कृति, इतिहास और संविधान के प्रति सम्मान को दर्शाता है। इसके नीचे एक सफेद पट्टी पर "सेवा" शब्द अंकित होता है, जो भारतीय स्काउटिंग के मूल मंत्र को उजागर करता है।

गाइड प्रतीक: तिपत्ती (Trefoil)

गाइडिंग आंदोलन का प्रतीक तिपत्ती (Trefoil) है, जो स्काउट प्रतीक से कुछ अलग है लेकिन समान रूप से महत्वपूर्ण है।

प्रतीक का अर्थ एवं महत्व

- **तीन पत्तियाँ :** ये भी गाइड प्रतिज्ञा के तीन अंगों (ईश्वर और देश के प्रति कर्तव्य, दूसरों की सहायता, और गाइड नियम का पालन) का प्रतीक हैं।
- **तीन तारे :** ये गाइड नियम के तीन प्रमुख सिद्धांतों (ईमानदारी, निष्ठा और सेवा) को दर्शाते हैं।
- **अशोक चक्र :** भारतीय संस्कृति और राष्ट्र के प्रति सम्मान।
- **रस्सी की गाँठ :** विश्व गाइडिंग समुदाय की एकता और भाईचारा।

स्काउट और गाइड ध्वज (Scout and Guide Flags)

ध्वज किसी भी संगठन का गौरव होता है। स्काउट और गाइड आंदोलन के भी अपने विशेष ध्वज हैं, जो उनकी पहचान और मूल्यों को दर्शाते हैं।

भारत स्काउट्स एवं गाइड्स ध्वज

यह ध्वज गहरे नीले रंग का होता है, जिसके केंद्र में भारत स्काउट्स एवं गाइड्स का सुनहरा प्रतीक (त्रिपत्र/तिपत्ती) होता है।

गहरा नीला रंग : यह स्थिरता, सच्चाई और शांति का प्रतीक है, जो स्काउटिंग के सिद्धांतों का आधार हैं।

सुनहरा प्रतीक : यह उत्कृष्टता और उच्च आदर्शों का प्रतिनिधित्व करता है।

महत्व : यह ध्वज हर स्काउट रैली, शिविर और औपचारिक कार्यक्रम में फहराया जाता है, जो संगठन की एकता और उसके सदस्यों के साझा उद्देश्य को दर्शाता है।

आकार (Size) : ध्वज की मानक माप 180 सेंटीमीटर x 120 सेंटीमीटर (6 फीट x 4 फीट) होती है। ध्वज के मध्य में स्काउट प्रतीक 45 सेंटीमीटर x 30 सेंटीमीटर ध्वज के दोनों तरफ लगा होता है। हालाँकि, विशिष्ट उपयोगों (जैसे पेट्रोल फ्लैग या टेबल फ्लैग) के लिए 3 : 2 के अनुपात में छोटे आकार(जैसे 120 सेंटीमीटर x 80 सेंटीमीटरमाप का जिसके मध्य में 30 सेंटीमीटर x 20 सेंटीमीटर का स्काउट प्रतीक लगा

हो) भी निर्धारित किए जाते हैं।

विश्व स्काउट संगठन ध्वज (World Organization of the Scout Movement Flag)

विश्व स्काउट संगठन (WOSM) का ध्वज शाही बैंगनी रंग का है, जिसके केंद्र में एक सफेद फ्लेर-डी-लिस (तीन पत्तियों वाला प्रतीक) और एक रस्सी है। फ्लेर-डी-लिस दिशा और सही रास्ते का प्रतीक है, जबकि दो तारे सत्य और ज्ञान को दर्शाते हैं। रस्सी नीचे से गाँठ के रूप में बंधी है जो एक-दूसरे की सेवा के कर्तव्य को दर्शाती है।`

- **रंग :** शाही बैंगनी रंग की पृष्ठभूमि।
- **प्रतीक :** सफेद फ्लेर-डी-लिस और एक रस्सी।
- **फ्लेर-डी-लिस :** यह स्काउटिंग प्रतीक है जो सही दिशा में आगे बढ़ने का संकेत देता है।
- **दो तारे :** यह सत्य और ज्ञान का प्रतिनिधित्व करते हैं, जो सभी स्काउट्स के वादों और शपथों में पाए जाने वाले दो महत्वपूर्ण तत्व हैं।
- **रस्सी :** यह एक गांठ (रीफ नॉट) के रूप में नीचे से बंधी है और एक-दूसरे की सेवा करने के कर्तव्य की याद दिलाती है।
- **आकार (Size) :** ध्वज की मानक माप 135 सेंटीमीटर x 90 सेंटीमीटर होती है। आवश्यकतानुसार 3:2 के अनुपात में अन्य आकारों में भी बनाया जा सकता है।

स्काउट चिह्न

स्काउट चिह्न दाहिने हाथ की तीन उंगलियों से बनता है, जिसमें अंगूठा छोटी उंगली को दबाता है। यह स्काउट के तीन वादों का प्रतिनिधित्व करता है और स्काउट शपथ लेते या अभिवादन करते समय इस्तेमाल होता है।

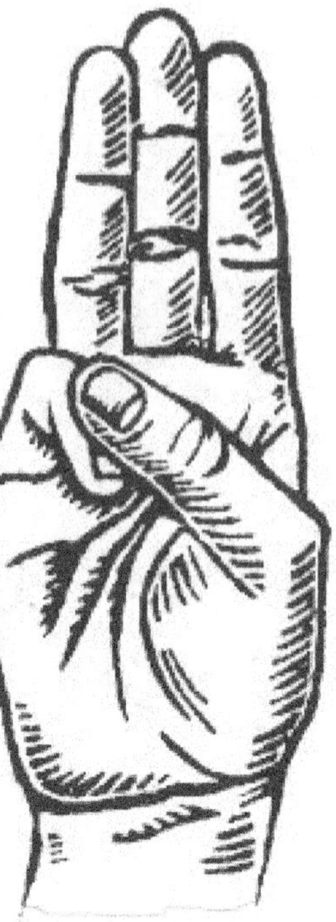

बनाने की विधि: दाहिने हाथ से, तीन उंगलियों (तर्जनी, मध्यमा और अनामिका) को सीधा और आपस में मिलाएँ। अंगूठे से छोटी उंगली को दबाएँ।

- **उपयोग :** स्काउट की शपथ और कानून का पाठ करते समय। एक-दूसरे का अभिवादन करते समय। आधिकारिक समारोहों में सम्मान दिखाने के लिए।
- **सैल्यूट :** स्काउट चिह्न को कंधे के स्तर तक ऊपर उठाकर, कोहनी को मोड़कर, उंगलियों को माथे के पास लाएँ। यह सलामी है।
- **प्रतिज्ञा का प्रतीक :** तीन सीधी उंगलियाँ स्काउट शपथ के तीन वादों का प्रतीक हैं। अंगूठे से छोटी उंगली को दबाना बुराई पर अच्छाई की जीत को दर्शाता है।

स्व-मूल्यांकन एवं अभ्यास (Exercise)

1. भारत के राष्ट्र ध्वज के तीनों रंगों और मध्य में स्थित अशोक चक्र के दार्शनिक महत्व की विस्तृत व्याख्या कीजिए।
2. 'भारतीय ध्वज संहिता, 2002' के अनुसार राष्ट्र ध्वज फहराते समय ध्यान रखने योग्य किन्हीं तीन मुख्य 'क्या करें' और 'क्या न करें' के नियमों को सूचीबद्ध कीजिए।
3. स्काउट आंदोलन के वैश्विक प्रतीक 'त्रिपत्र' (Fleur-de-lis) के प्रत्येक भाग का अर्थ सचित्र समझाइए।
4. भारत स्काउट्स एवं गाइड्स (BSG) ध्वज और विश्व स्काउट संगठन (WOSM) ध्वज के रंगों और मापों की तुलनात्मक तालिका बनाइए।
5. स्काउट चिह्न (Scout Sign) बनाने की विधि बताते हुए इसके पीछे छिपे नैतिक और प्रतीकात्मक अर्थ को स्पष्ट कीजिए।

7

राष्ट्रगान, प्रार्थना और झंडा गीत–संगीत के माध्यम से निष्ठा

स्काउटिंग और गाइडिंग आंदोलन में औपचारिक गीतों का विशेष स्थान है। ये गीत केवल ध्वनि नहीं हैं, बल्कि ये राष्ट्रीय गौरव, आध्यात्मिक शक्ति और संगठनात्मक एकता की भावना को पुष्ट करते हैं। ये तीनों गीत हर स्काउट/गाइड के जीवन का अभिन्न अंग हैं।

राष्ट्रगान: 'जन गण मन' (The National Anthem)

भारत का राष्ट्रगान 'जन गण मन' देश के प्रति सर्वोच्च निष्ठा और सम्मान का प्रतीक है। स्काउट प्रतिज्ञा में राष्ट्र के प्रति कर्तव्य का पालन इस गान के प्रति सम्मान से शुरू होता है। राष्ट्रगान के रचनाकार गुरुदेव रवीन्द्रनाथ टैगोर हैं। राष्ट्रगान के गायन की मानक अवधि 52 सेकंड निर्धारित है।

राष्ट्रगान

जन गण मन अधिनायक जय हे
भारत भाग्य विधाता।
पंजाब सिन्ध गुजरात मराठा
द्राविड़ उत्कल बंग।
विंध्य हिमाचल यमुना गंगा
उच्छल जलधि तरंग।
तव शुभ नामे जागे,
तव शुभ आशिष माँगे,
गाहे तव जय गाथा।
जन गण मंगलदायक जय हे
भारत भाग्य विधाता।
जय हे, जय हे, जय हे,
जय जय जय जय हे।
भारत माता की जय

राष्ट्रगान का भावार्थ और महत्व

राष्ट्रगान पूरे देश की विविधता और एकता का आह्वान करता है। इसमें भारत के भाग्य विधाता की स्तुति की गई है, जो विभिन्न क्षेत्रों (पंजाब, सिंध, गुजरात, मराठा, द्रविड़, उत्कल, बंगा) और पर्वत श्रृंखलाओं (विंध्य, हिमाचल) को एक सूत्र में पिरोता है।

महत्व : यह नागरिकों को भारत की एकता, स्वतंत्रता के लिए दिए गए बलिदानों और संवैधानिक मूल्यों की याद दिलाता है। हर औपचारिक समारोह में राष्ट्रगान के समय सम्मानपूर्वक खड़ा रहना प्रत्येक स्काउट/गाइड का परम कर्तव्य है।

भारत स्काउट्स एवं गाइड्स प्रार्थना (The BSG Prayer Song)

प्रार्थना गीत (

दया कर दान भक्ति का, हमें परमात्मा देना।
दया करना हमारी आत्मा में, शुद्धता देना॥
हमारे ध्यान में आओ, प्रभु आँखों में बस जाओ।

अँधेरे दिल में आकर के, परम ज्योति जगा देना॥
बहा दो प्रेम की गंगा, दिलों में प्रेम का सागर।
हमें आपस में मिल-जुल कर, प्रभु रहना सिखा देना॥
हमारा धर्म हो सेवा, हमारा कर्म हो सेवा।
सदा ईमान हो सेवा, व सेवक चर बना देना॥
वतन के वास्ते जीना, वतन के वास्ते मरना।
वतन पर जाँ फ़िदा करना, प्रभु हमको सिखा देना॥
दया कर दान भक्ति का, हमें परमात्मा देना।
दया करना हमारी आत्मा में, शुद्धता देना॥

यह प्रार्थना प्रत्येक स्काउट/गाइड के दिन की शुरुआत और संगठन की बैठकों का एक अनिवार्य हिस्सा है। यह हमें सेवा के मार्ग पर चलने के लिए आध्यात्मिक बल प्रदान करती है। इस प्रार्थना के रचनाकार श्री वीर देव वीर हैं। इस गीत की गायन अवधि लगभग 90 सेकंड (राग और गति के अनुसार भिन्न हो सकती है)।

यह प्रार्थना स्काउट प्रतिज्ञा के तीन अंगों को मजबूती देती है:

- भक्ति (Duty to God) : पहले और दूसरे छंद में आत्मा की शुद्धता और ध्यान में प्रभु को बसाने का आह्वान है।
- सेवा (Help Others) : चौथे छंद में स्पष्ट रूप से कहा गया है—"हमारा धर्म हो सेवा, हमारा कर्म हो सेवा।" यह दूसरों की निस्वार्थ सेवा के महत्व पर जोर देती है।
- देश प्रेम (Duty to Country) : अंतिम छंद में देश के प्रति समर्पण, प्रेम और बलिदान की भावना व्यक्त की गई है।

झंडा गीत (The Flag Song)

झंडा गीत संगठन के प्रतीक—भारत स्काउट्स एवं गाइड्स ध्वज—के प्रति सम्मान और संगठन के आदर्शों के प्रति प्रतिबद्धता व्यक्त करता है।

झंडा गीत

भारत स्काउट गाइड झंडा ऊँचा सदा रहेगा।
ऊँचा सदा रहेगा, झंडा ऊँचा सदा रहेगा॥
नीला रंग गगन सा विस्तृत
भ्रात भाव फैलाता
त्रिदल कमल नित तीन प्रतिज्ञाओं की याद दिलाता
और चक्र कहता है प्रतिपल आगे कदम बढेगा।
ऊँचा सदा रहेगा, ऊँचा सदा रहेगा
झंडा, ऊँचा सदा रहेगा।
भारत स्काउट गाइड झंडा ऊँचा सदा रहेगा॥
रचनाकार - श्री दया शंकर भट्ट
गायन अवधि - लगभग 60 सेकंड

उद्देश्य: यह गीत सभी स्काउट्स और गाइड्स को सेवा और त्याग के मार्ग पर दृढ़ता से चलने और संगठन के गौरव को हमेशा ऊँचा रखने के लिए प्रेरित करता है।

स्व-मूल्यांकन एवं अभ्यास (Exercise)

1. राष्ट्रगान की मानक गायन अवधि कितनी है? इसके बजने या गाए जाने के समय एक स्काउट को किस मुद्रा में खड़े होना चाहिए और क्यों?
2. भारत स्काउट्स एवं गाइड्स की मूल प्रार्थना को अपनी पुस्तिका में सुंदर अक्षरों में लिखिए।
3. "हमारा धर्म हो सेवा, हमारा कर्म हो सेवा"—इस पंक्ति के आलोक में स्काउटिंग के वास्तविक उद्देश्य की समीक्षा कीजिए।
4. झंडा गीत के आधार पर बताइए कि हमारे ध्वज का 'नीला रंग' और 'चक्र' हमें क्या व्यावहारिक संदेश देते हैं?

8

स्काउट कार्यक्रम (Scout Programme)

स्काउट कार्यक्रम के आदर्श (Ideals of the Scout Programme)

स्काउट आंदोलन युवा लड़कों को चरित्रवान, आत्म-निर्भर और राष्ट्र के प्रति समर्पित नागरिक बनाने के लिए डिज़ाइन किया गया है। यह कार्यक्रम एक व्यावहारिक शिक्षा पद्धति है जो लड़के को 'तैयार रहने' (Be Prepared) के लिए प्रेरित करती है।

हमारा उद्देश्य है कि जब एक लड़का स्काउट कार्यक्रम का पूरा पाठ्यक्रम सफलतापूर्वक पूरा कर ले, तो वह अपने जीवन में एक आदर्श नागरिक और एक कुशल व्यक्ति के रूप में स्थापित हो सके।

स्काउट कार्यक्रम के माध्यम से, हर लड़का इन आदर्शों को प्राप्त करने में सक्षम होगा:

- **उत्कृष्ट चरित्र और दक्षता :** वह अपने चरित्र को विकसित करके स्वस्थ और दक्ष (Healthy & Efficient) नागरिक बनने की क्षमता प्राप्त करेगा।
- **अच्छी नागरिकता की स्वीकृति :** वह अच्छे नागरिक धर्म के मूलभूत सिद्धांतों को स्वीकार करेगा और उनका पूरी ईमानदारी से पालन करेगा।
- **आत्म-निर्भरता का कौशल :** वह ऐसे आवश्यक कौशल सीखेगा और अभ्यास करेगा जो उसे आत्म-निर्भर बनाएँ, और फिर इन कौशलों का उपयोग दूसरों की सहायता करने के लिए स्वयं को तैयार करेगा।
- **सर्वांगीण विकास के लिए सामूहिक प्रयास :** वह सामूहिक गतिविधियों और चुनौतियों में उत्साह से भाग लेगा, जो उसके शारीरिक, मानसिक और भावनात्मक सर्वांगीण विकास में योगदान करेंगी।
- **क्षमता का बोध और सामुदायिक सेवा :** वह अपनी आंतरिक क्षमताओं और संभावनाओं को पहचानेगा और उनका उपयोग समाज की सेवा में करेगा।
- **प्रकृति के प्रति सम्मान :** वह प्रकृति के चमत्कारों की सराहना करने के लिए अपनी अवलोकन शक्ति को सुधारेगा, और प्रकृति का पोषण करके उसके प्रति सम्मान (Reverence) व्यक्त करने की भावना विकसित करेगा।
- **उपयोगी निर्माण :** वह ऐसे उपयोगी और रचनात्मक उत्पाद बनाना सीखेगा जो दूसरों के लिए हितकारी हों।
- **सार्वजनिक संपत्ति की जिम्मेदारी :** वह यह महसूस करेगा कि सार्वजनिक संपत्ति भी उसकी अपनी ही संपत्ति है और उसकी देखभाल करने का पूरा प्रयास करेगा।
- **समुदाय और राष्ट्र के प्रति कर्तव्य :** वह खुद को अपने समुदाय का अभिन्न अंग मानेगा और अपने देश के प्रति अपने कर्तव्य को गहराई से समझेगा।
- **साहसिक यात्रा की तैयारी :** वह साहसिक गतिविधियों को करने के लिए भविष्य के स्काउटिंग कौशलों को सुधारेगा और रोमांच (Adventure) के प्रति प्रेम विकसित करेगा।
- **राष्ट्रीय विरासत का संरक्षण :** वह हमारी राष्ट्रीय विरासत और संस्कृति को समझेगा और उन्हें बनाए रखने के लिए संकल्प लेगा।
- **प्राकृतिक संसाधनों का संरक्षण :** वह प्राकृतिक संसाधनों के संरक्षण के लिए व्यक्तिगत और सामूहिक अभ्यास करेगा, और इस संबंध में दूसरों को शिक्षित करने के लिए भी तैयार रहेगा।
- **गतिशील नेतृत्व :** वह एक सफल लीडर के गुणों को विकसित करेगा और उसे मिलने वाले हर नेतृत्व के अवसर पर पूरी क्षमता और प्रभावशीलता के साथ भाग लेगा।

- **राष्ट्रीय एकता में योगदान :** वह अपने देश और देशवासियों के बारे में अध्ययन करेगा और राष्ट्रीय एकता को मजबूत करने के उद्देश्य में सक्रिय योगदान देगा।

स्काउट की परिभाषा और पात्रता (Definition and Eligibility of a Scout)

स्काउट बनने के लिए एक लड़के को निम्नलिखित शर्तों को पूरा करना आवश्यक है:

- **राष्ट्रीयता और आयु सीमा :** वह भारत का नागरिक होना चाहिए। उसकी आयु 10 वर्ष पूर्ण हो चुकी हो, लेकिन 17 वर्ष पूर्ण न हुई हो। (अर्थात् 10 से 17 वर्ष के बीच की आयु सीमा)।
- **प्रतिज्ञा और नियम की स्वीकृति :** वह स्वेच्छा से स्काउट प्रतिज्ञा और स्काउट नियम को स्वीकार करे और उनका पालन करने का संकल्प ले।
- **दल की सदस्यता :** वह किसी पंजीकृत स्काउट दल (Scout Troop) का सदस्य बन जाए।

विशेष छूट (Extension Period) : यदि कोई स्काउट 17 वर्ष की आयु पूरी होने के बाद भी अपने विद्यालय में शिक्षा ग्रहण करना जारी रखता है, तो उसे अधिकतम 18 वर्ष की आयु तक दल में रहने की अनुमति दी जाती है। 18 वर्ष पूर्ण होने के बाद, उससे अपेक्षा की जाती है कि वह अगले उच्चतर अनुभाग रोवर क्रू (Rover Crew) में प्रवेश ले।

स्काउट दल (Scout Troop)

स्काउट दल वह संगठनात्मक इकाई है जिसमें स्काउटिंग कार्यक्रम संचालित किया जाता है। इसकी संरचना निम्नलिखित नियमों द्वारा नियंत्रित होती है:

- (i) संख्या बल (Strength of the Troop)-एक स्काउट दल में स्काउट्स की संख्या कम से कम 12 होनी चाहिए। स्काउट्स की संख्या 32 से अधिक नहीं होनी चाहिए।
- (ii) समूह के भाग के रूप में दल (Troop as a Unit of a Group)- स्काउट दल आमतौर पर एक ऐसे समूह (Group) की इकाई होती है जिसमें कब पैक (Cub Pack), स्काउट दल (Scout Troop) और रोवर क्रू (Rover Crew) शामिल हो सकते हैं।
- अपवाद: यदि किसी स्थान पर ऐसा कोई समूह मौजूद नहीं है (यानी, केवल स्काउट दल ही कार्यरत है), तो उस स्काउट दल को ही एक समूह माना जाएगा।
- (iii) पंजीकरण की अनिवार्यता (Mandatory Registration)- आंदोलन से मान्यता और लाभ प्राप्त करने के लिए, प्रत्येक स्काउट दल का पंजीकरण निर्धारित प्रक्रिया के अनुसार अनिवार्य है।
- (iv) दल का नामकरण और पहचान (Naming and Identification)- प्रत्येक स्काउट दल का एक नाम होना आवश्यक है। यदि दल किसी बड़े समूह की इकाई है, तो वह उसी समूह का नाम धारण करेगा। समूह का नामकरण किसी स्थानीय स्थान, संस्था या भारत के किसी महान पुरुष व्यक्तित्व (Great Male Personalities of India) के नाम पर किया जा सकता है। प्रत्येक समूह को स्थानीय संघ (Local Association) या जिला संघ (District Association), जैसी भी स्थिति हो, द्वारा एक क्रम संख्या (Serial Number) भी प्रदान की जाती है।

स्काउट मास्टर और सहायक स्काउट मास्टर: नेतृत्व की भूमिका

स्काउट दल (Scout Troop) का नेतृत्व स्काउट मास्टर द्वारा किया जाता है, जो लड़कों के प्रशिक्षण और प्रबंधन के लिए जिम्मेदार होते हैं।

(i) पद और संख्या बल (Designation and Strength)- स्काउट मास्टर (Scout Master): प्रत्येक स्काउट दल के लिए एक स्काउट मास्टर का होना अनिवार्य है।

नोट: जहाँ भी "स्काउट मास्टर" शब्द का प्रयोग होता है, उसे लेडी स्काउट मास्टर के रूप में भी पढ़ा जा सकता है। यह दर्शाता है कि **महिलाएं भी इस पद पर नियुक्त हो सकती हैं।**

सहायक स्काउट मास्टर (Assistant Scout Master): एक स्काउट दल में एक या एक से अधिक सहायक स्काउट मास्टर हो सकते हैं। इनकी संख्या प्रति आठ स्काउट्स पर एक सहायक स्काउट मास्टर के अनुपात में तय की जाती है।

(ii) कार्य और उत्तरदायित्व (Functions and Responsibilities)

नेतृत्व की भूमिकाएँ दल के कुशल संचालन के लिए स्पष्ट रूप से परिभाषित हैं:

पर्यवेक्षण और प्रबंधन: स्काउट मास्टर स्काउट दल के मामलों के प्रबंधन के लिए पूरी तरह से जिम्मेदार होता है। जहाँ कोई समूह (Group) है, वहाँ स्काउट मास्टर ग्रुप लीडर के सामान्य पर्यवेक्षण के तहत कार्य करता है।

अधिकारों का प्रत्यायोजन (Delegation): वह अनुशासन, प्रशासन और वित्त जैसे महत्वपूर्ण मामलों को कोर्ट ऑफ ऑनर (Court of Honour—स्काउट्स की निर्णय लेने वाली संस्था) को सौंपता है। यह स्काउट्स को नेतृत्व और जिम्मेदारी लेने का प्रशिक्षण देने के लिए किया जाता है।

सहायक की भूमिका: सहायक स्काउट मास्टर स्काउट मास्टर की सहायता करता है और उनके द्वारा सौंपे गए सभी कर्तव्यों का निर्वहन करता है।

स्काउट मास्टर और सहायक स्काउट मास्टर की योग्यताएँ (Qualifications)

आयु संबंधी पात्रता (Age Eligibility)- पदों के लिए परिपक्वता सुनिश्चित करने हेतु आयु सीमा इस प्रकार निर्धारित है:

स्काउट मास्टर / लेडी स्काउट मास्टर: इस पद के लिए व्यक्ति की आयु 21 वर्ष पूर्ण हो चुकी होनी चाहिए। सहायक स्काउट मास्टर / सहायक लेडी स्काउट मास्टर: इस पद के लिए व्यक्ति की आयु 18 वर्ष पूर्ण हो चुकी होनी चाहिए।

शैक्षणिक योग्यता (Educational Qualification)- नियुक्ति के लिए आवश्यक है कि व्यक्ति ने कम से कम इंटरमीडिएट (10+2) या समकक्ष प्रमाण पत्र प्राप्त किया हो।

अपवाद: कुछ असाधारण मामलों में, यदि किसी व्यक्ति में स्काउटिंग के प्रति विशेष लगन और योग्यता हो, तो शैक्षिक योग्यता से छूट दी जा सकती है। यह छूट संबंधित सहायक जिला आयुक्त / जिला आयुक्त और जिला मुख्य आयुक्त की सिफारिश पर राज्य मुख्य आयुक्त द्वारा प्रदान की जा सकती है।

चरित्र, आचरण और ज्ञान (Character, Conduct, and Knowledge)-योग्यता में व्यक्तिगत गुण और आंदोलन का ज्ञान शामिल है, जो नेतृत्व के लिए आवश्यक हैं। आवेदक का चरित्र, आचरण और पूर्ववृत्त (Antecedents) उत्कृष्ट होना चाहिए।

आंदोलन का ज्ञान: उन्हें स्काउट आंदोलन, इसकी कार्यप्रणाली (Methods) और विशेष रूप से इसके धार्मिक तथा नैतिक आधार की गहरी समझ होनी चाहिए। उन्हें अपने कार्य में APRO (Aims, Policy, Rules, and Organisation) को लागू करने का ज्ञान होना चाहिए।

युवा लड़कों से व्यवहार की विशेष प्रवृत्ति: उनके पास युवा लड़कों के साथ व्यवहार करने की विशेष योग्यता (Special Aptitude) होनी चाहिए, ताकि वह उन्हें प्रभावी ढंग से प्रेरित और प्रशिक्षित कर सकें।

अनिवार्य प्रशिक्षण अवधि (Mandatory Training Period)- नियुक्ति से पूर्व, आवेदक को राष्ट्रीय संघ द्वारा निर्धारित प्रशिक्षण अवधि को संतोषजनक ढंग से पूरा करना अनिवार्य है।

(iii) नियुक्ति प्रक्रिया और प्राधिकरण (Appointment Process and Authority)

स्काउट मास्टर और सहायक स्काउट मास्टर की नियुक्ति एक औपचारिक प्रक्रिया के तहत की जाती है, जो संगठन के नियमों का पालन करती है:

सिफारिश: नियुक्ति के लिए सिफारिश संबंधित स्थानीय संघ (Local Association) या जिला संघ (District Association) द्वारा, और स्थानीय संघ के मामले में सहायक जिला आयुक्त (Assistant District Commissioner) द्वारा, या जिला संघ के मामले में जिला आयुक्त (District Commissioner) और जिला मुख्य आयुक्त (District Chief Commissioner) द्वारा की जाती है।

नियुक्ति प्राधिकारी: ये सभी सिफारिशें अंतिम रूप से राज्य मुख्य आयुक्त (State Chief Commissioner) को भेजी जाती हैं, जो परामर्श के बाद नियुक्ति करते हैं।

पदनाम: नियुक्त किए गए व्यक्ति को पदनाम के अनुसार स्काउट मास्टर / लेडी स्काउट मास्टर / सहायक स्काउट मास्टर / सहायक लेडी स्काउट मास्टर कहा जाएगा।

(iv) वॉरंट (Warrant)

नियुक्ति के बाद, स्काउट मास्टर और सहायक स्काउट मास्टर दोनों को उनके प्राधिकार (Authority) के प्रमाण के रूप में एक आधिकारिक वॉरंट (Warrant) जारी किया जाता है।

स्काउट मास्टर और सहायक स्काउट मास्टर की वर्दी (Uniform)

स्काउट मास्टर और सहायक स्काउट मास्टर (लेडी स्काउट मास्टर सहित) की वर्दी, स्काउटिंग के अंतरराष्ट्रीय सिद्धांतों और राष्ट्रीय संघ के नियमों का पालन करते हुए, निर्धारित की गई है:

अनिवार्य वर्दी घटक (Compulsory Uniform Components)

- (i) स्टील ग्रे (Steel Grey) रंग की शर्ट। इसमें दो पैच पॉकेट और शोल्डर स्ट्रैप्स (एपॉलेट्स) लगी होंगी। आस्तीन आधी या मुड़ी हुई (Rolled up) होंगी; ठंडे मौसम में आस्तीनें नीचे भी की जा सकती हैं।

- (ii) नेवी ब्लू (Navy Blue) रंग के शॉर्ट्स या ट्राउज़र्स पहने जाएँगे।
- (iii) हेड-ड्रेसडार्क ब्लू बेरेट कैप (Dark Blue Beret Cap) जिस पर राष्ट्रीय संघ द्वारा प्रदान किया गया आधिकारिक कैप बैज लगा होगा। सिख सदस्य आधिकारिक कैप बैज के साथ नीली पगड़ी पहन सकते हैं। समारोहों (Ceremonies) के दौरान हेड-ड्रेस पहनना अनिवार्य है।
- (iv) ग्रे नाइलक्स बेल्ट, जिस पर राष्ट्रीय संघ द्वारा प्रदान किया गया भारत स्काउट्स एवं गाइड्स का आधिकारिक बकल लगा होगा।
- (v) समूह के रंग और पैटर्न का एक त्रिकोणीय स्कार्फ (पीला, हरा और बैंगनी रंग वर्जित)। यह स्कार्फ कॉलर और शोल्डर स्ट्रैप्स के ऊपर पहना जाएगा, और समूह के वोगल (Gilwell Woggle को छोड़कर) के साथ कसा जाएगा। आकार: स्कार्फ की दो भुजाओं की न्यूनतम लंबाई 70 सेंटीमीटर और अधिकतम 90 सेंटीमीटर होगी।
- (vi) शोल्डर बैजसफेद पृष्ठभूमि और लाल बॉर्डर वाला, 6 से 8 सेंटीमीटर लंबा और 1.5 सेंटीमीटर चौड़ा बैज। इस पर लाल अक्षरों में समूह/जिला/राज्य का नाम (और वैकल्पिक रूप से क्रम संख्या) लिखा होगा। इसे दोनों कंधों पर सीवन के ठीक नीचे हल्के घुमाव के साथ पहना जाएगा।
- (vii) सदस्यता बैज (Membership Badge)- यह एक कपड़े का बैज है जिसकी हरी पृष्ठभूमि पर पीले रंग का फ्लेर-डे-लिस (Fleur-de-lis) चिन्ह होता है, जिस पर केंद्र में पीले रंग के अशोक चक्र वाला तिपत्ती (Trefoil) बना होता है। इसे शर्ट के बाएँ पॉकेट की प्लीट (Pleat) के केंद्र में पहना जाएगा।
- (viii) विश्व स्काउट बैज (World Scout Badge)- इस बैज को शर्ट के दाएँ पॉकेट की प्लीट (Pleat) के केंद्र में पहना जाएगा।
- (ix) रैंक बैज (Rank Badge): स्काउट मास्टर: उन्हें हरी पृष्ठभूमि और हरे बॉर्डर वाला कपड़े का रैंक बैज पहनना होता है, जिस पर फ्लेर-डे-लिस, तिपत्ती और अशोक चक्र पीले रंग में बने होते हैं। सहायक स्काउट मास्टर: उन्हें हरी पृष्ठभूमि और लाल बॉर्डर वाला कपड़े का रैंक बैज पहनना होता है, जिस पर फ्लेर-डे-लिस, तिपत्ती और अशोक चक्र पीले रंग में बने होते हैं। स्थान: यह बैज बाएँ पॉकेट से 4 सेंटीमीटर ऊपर लगाया जाएगा।
- (x) नेम स्ट्राइप (Name Stripe): पट्टी: राष्ट्रीय मुख्यालय द्वारा प्रदत्त "द भारत स्काउट्स एंड गाइड्स" लिखी हुई नेम स्ट्राइप को शर्ट के दाएँ पॉकेट के ठीक ऊपर पहना जा सकता है। आकार: पट्टी का आकार 11 सेमी x 2 सेमी होगा। इसके दाएँ कोने पर राष्ट्रीय ध्वज का तिरंगा (3 सेमी x 2 सेमी) बना होगा, और शेष भाग में 'द भारत स्काउट्स एंड गाइड्स' शीर्षक होगा।
- (xi) जुराबें या स्टॉकिंग्स (Socks or Stockings): काले रंग की जुराबें या स्टॉकिंग्स पहनी जा सकती हैं। यदि स्टॉकिंग्स पहनी जाती हैं, तो उन्हें घुटनों से नीचे तक मोड़ा जाएगा, जिसमें 1.5 सेमी चौड़ी हरी गार्टर टैब बाहर की तरफ दिखाई देगी। स्टॉकिंग्स केवल शॉर्ट्स के साथ पहनी जाएँगी।
- (xii) फुटवियर (Footwear): काले जूते (चमड़े या कैनवास), लेस वाले, पहने जाएँगे।
- (xiii) ओवरकोट, मैकिनटॉश या जैकेट (Outer Wear): सर्दियों के मौसम में, नेवी ब्लू ओवरकोट, नेवी ब्लू ब्लेज़र, नेवी ब्लू विंड चीटर या नेवी ब्लू जर्सी पहनी जा सकती है (केवल सर्दी के मौसम में)।

टोली प्रणाली (The Patrol System)

टोली प्रणाली स्काउट आंदोलन की आत्म-निर्भरता (Self-reliance) और नेतृत्व विकास की आधारशिला है। इसमें बड़े दल को छोटे, स्व-शासित समूहों में बाँटा जाता है।

(i) टोली का गठन और पहचान

एक स्काउट दल (Troop) को कई टोलियों (Patrols) में विभाजित किया जाएगा। प्रत्येक टोली में 6 से 8 स्काउट्स शामिल होंगे, जिसमें टोली लीडर (Patrol Leader) और सेकंड (Second) भी शामिल हैं। प्रत्येक टोली की अपनी एक विशिष्ट पहचान होगी -

टोली कॉर्नर (Patrol Corner), टोली गीत (Patrol Song), टोली जयकारा (Patrol Yell), टोली संकेत (Patrol Sign), टोली ध्वनि (Patrol Cry), और टोली ध्वज (Patrol Flag)।

प्रत्येक टोली का नाम 'स्काउटिंग फॉर बॉयज़' (Scouting For Boys) पुस्तक से चुने गए किसी पशु/पक्षी के नाम पर रखा जाएगा। नाम का चयन टोली-इन-काउंसिल के परामर्श से किया जाएगा। टोली का प्रत्येक सदस्य वर्दी पर टोली की शोल्डर स्ट्राइप्स पहनेगा।

(ii) नेतृत्व संरचना और बैज

टोली प्रणाली एक पदानुक्रमित नेतृत्व संरचना को बढ़ावा देती है:

दल लीडर (Troop Leader)- 6 माह का टोली लीडर अनुभव, प्राथमिकता से द्वितीय सोपान बैज धारक। स्काउट मास्टर द्वारा कोर्ट ऑफ ऑनर के परामर्श से नियुक्त। स्काउट वर्दी। बाएँ पॉकेट पर सदस्यता बैज के बीच में और दोनों तरफ़ 6 सेमी लंबी, 1.5 सेमी चौड़ी ऊन/सूती की तीन हरी ऊर्ध्वाधर स्ट्राइप्स। सेवा सितारे (Service Star) के ऊपर दल लीडर का बैज (हरी पृष्ठभूमि पर पीले प्रतीक वाला

आयताकार बैज) शर्ट/जर्सी पर लगाया जाएगा।

सहायक दल लीडर (Assistant Troop Leader)- 6 माह का टोली लीडर अनुभव, प्राथमिकता से द्वितीय सोपान बैज धारक। स्काउट मास्टर द्वारा कोर्ट ऑफ ऑनर के परामर्श से नियुक्त। स्काउट वर्दी। बाएँ पॉकेट पर दो हरी स्ट्राइप्स। सेवा सितारे के ऊपर सहायक दल लीडर का बैज (हरी पृष्ठभूमि पर हरे प्रतीक वाला आयताकार बैज) लगाया जाएगा।

टोली लीडर (Patrol Leader)- स्काउट मास्टर द्वारा कोर्ट ऑफ ऑनर और संबंधित टोली के परामर्श से नियुक्त। टोली का नेतृत्व करता है और टोली ध्वज रखता है। स्काउट वर्दी। बाएँ पॉकेट पर सदस्यता बैज के दोनों तरफ़ 6 सेमी लंबी, 1.5 सेमी चौड़ी ऊन/सूती की दो हरी स्ट्राइप्स।

सेकंड (Second)- टोली लीडर द्वारा स्काउट मास्टर और कोर्ट ऑफ ऑनर के अनुमोदन से चयनित। टोली लीडर की अनुपस्थिति में उसका स्थान लेता है।स्काउट वर्दी। बाएँ पॉकेट पर सदस्यता बैज के दाईं ओर 6 सेमी लंबी, 1.5 सेमी चौड़ी ऊन/सूती की एक हरी स्ट्राइप।

(iii) निर्णय लेने वाली संस्थाएँ

कोर्ट ऑफ ऑनर (Court of Honour):

- गठन: दल लीडर, सहायक दल लीडर और टोली लीडर्स। अनुशासन मामलों को छोड़कर सेकंड को भी सदस्य बनाया जा सकता है।
- कार्य: गतिविधियों की योजना बनाना, दल के आंतरिक मामलों, वित्त और अनुशासन से निपटना।
- सलाहकार: स्काउट मास्टर और सहायक स्काउट मास्टर सलाहकार के रूप में कार्य करते हैं।

टोली-इन-काउंसिल (Patrol-in-Council):

- गठन: टोली के सभी सदस्य। टोली लीडर अध्यक्ष होता है।
- कार्य: टोली से संबंधित सभी मामलों का निपटारा करना।

स्काउट प्रवेशिका और आवश्यकताएँ (Scout Pravesh and Requirements)

स्काउट एस्पिरेंट (Scout Aspirant) स्काउटिंग में प्रवेश करने वाला आरंभिक सदस्य होता है।

(i) पात्रता और अवधि- भारत का नागरिक लड़का जिसने 10 वर्ष पूर्ण किए हों, लेकिन 17 वर्ष पूर्ण न किए हों, वह स्काउट एस्पिरेंट बनने के लिए पात्र है। एस्पिरेंट को स्काउट मास्टर की संतुष्टि के लिए, दीक्षा से पहले कम से कम तीन महीने तक प्रवेशिका की आवश्यकताओं को पूरा करना होता है।

(ii) प्रवेशिका की आवश्यकताएँ (Pravesh Requirements)

स्काउट को दीक्षा से पूर्व निम्नलिखित ज्ञान और अभ्यास आवश्यक हैं:

- आंदोलन का ज्ञान: स्काउटिंग के उद्भव, परिभाषा, उद्देश्य, सिद्धांत और पद्धति की संक्षिप्त जानकारी।
- स्काउट प्रतिज्ञा और नियम।
- स्काउट मोटो (Motto), चिन्ह (Sign), सैल्यूट (Salute) और बाएँ हाथ का मिलाप (Left Hand Shake)।
- घर पर कम से कम एक महीने तक दैनिक अच्छा काम (Daily Good Turn) करना और डायरी बनाना।
- स्काउट वर्दी के भागों को जानना और उसे सही ढंग से पहनना।
- राष्ट्रीय ध्वज, BS&G ध्वज और विश्व स्काउट ध्वज की संरचना, महत्व और ध्वज शिष्टाचार जानना।
- राष्ट्रगान, BSG प्रार्थना और BSG झंडा गीत को सही ढंग से गाना। उनके रचनाकार, समयावधि और अर्थ को जानना।
- कम से कम चार दल बैठकों (Troop Meetings) में भाग लेना।
- अपनी टोली के साथ 4 घंटे का एक उद्देश्यपूर्ण आउटिंग करना।

(iii) दीक्षा - प्रवेशिका आवश्यकताओं को पूरा करने के बाद, लड़का स्काउट मास्टर के समक्ष स्काउट प्रतिज्ञा लेता है और उसे औपचारिक रूप से स्काउट के रूप में दीक्षित (Invested) किया जाता है। वह स्काउट वर्दी और सदस्यता बैज पहनने के लिए पात्र हो जाता है।

सदस्यता बैज: यह हरी पृष्ठभूमि पर पीले रंग के फ्लेर-डे-लिस/तिपत्ती (केंद्र में अशोक चक्र के साथ) का बैज होता है। इसे शर्ट के बाएँ पॉकेट की प्लीट (Pleat) के केंद्र में पहना जाता है।

नोट: स्काउट्स को प्रतिदिन कम से कम एक अच्छा काम करने की आदत डालने के लिए प्रोत्साहित किया जाना चाहिए।

स्काउट वर्दी (Scout Uniform)

स्काउट वर्दी हर युवा सदस्य के लिए अनिवार्य है। यह वर्दी अनुशासन, समानता और आंदोलन के प्रति उनकी निष्ठा का प्रतीक है।

- (i) स्टील ग्रे (Steel Grey) रंग की शर्ट, जिसमें दो पैच पॉकेट और शोल्डर स्ट्रैप्स (एपॉलेट्स) लगी होंगी। आस्तीन आधी या मुड़ी हुई (Rolled up) होंगी; ठंडे मौसम में आस्तीनें नीचे भी की जा सकती हैं।
- (ii) नेवी ब्लू (Navy Blue) रंग के शॉर्ट्स या ट्राउज़र्स पहने जाएँगे। विशेष नोट: राष्ट्रपति स्काउट टेस्टिंग कैंप और राष्ट्रपति पुरस्कार रैली के समय ट्राउज़र्स पहनना अनिवार्य है। ट्राउज़र्स ढीले या कसकर फिटिंग वाले नहीं होने चाहिए, और उनमें दो साइड पॉकेट व एक पीछे की पॉकेट होगी।
- (iii) डार्क ब्लू बेरेट कैप, जिस पर राष्ट्रीय संघ द्वारा प्रदान किया गया आधिकारिक कैप बैज लगा होगा। सिख सदस्य आधिकारिक कैप बैज के साथ नीली पगड़ी पहन सकते हैं। समारोहों के दौरान हेड-ड्रेस पहनना अनिवार्य है।
- (iv) ग्रे नाइलक्स बेल्ट, जिस पर राष्ट्रीय संघ द्वारा प्रदान किया गया भारत स्काउट्स एवं गाइड्स का आधिकारिक बकल लगा होगा।
- (v) समूह के रंग और पैटर्न का एक त्रिकोणीय स्कार्फ (हरा, बैंगनी और पीला रंग वर्जित)। यह कॉलर और शोल्डर स्ट्रैप्स के ऊपर पहना जाएगा, और ग्रुप वोगल (Gilwell Woggle को छोड़कर) से कसा जाएगा। आकार: स्कार्फ की दो भुजाओं की न्यूनतम लंबाई 70 सेंटीमीटर और अधिकतम 80 सेंटीमीटर होगी।
- (ix) काले रंग की जुराबें या स्टॉकिंग्स पहनी जा सकती हैं। स्टॉकिंग्स केवल शॉर्ट्स के साथ पहनी जाएँगी, और उन्हें घुटनों से नीचे तक मोड़ा जाएगा, जिसमें 1.5 सेमी चौड़ी हरी गार्टर टैब बाहर की तरफ दिखाई देगी।
- (xi) काले जूते (चमड़े या कैनवास), लेस वाले, पहने जाएँगे।

अनिवार्य बैज और प्रतीक (Mandatory Badges and Emblems)

- शोल्डर बैज- सफेद पृष्ठभूमि और लाल बॉर्डर वाला 6-8 सेमी लंबा और 1.5 सेमी चौड़ा बैज। इस पर लाल अक्षरों में समूह/जिला/राज्य का नाम और क्रम संख्या लिखा होगा। यह दोनों कंधों पर सीवन के ठीक नीचे हल्के घुमाव के साथ पहना जाएगा।
- शोल्डर स्ट्राइप्स (टोली पट्टी)- स्काउटिंग फॉर बॉयज़ में दर्शाए गए टोली के रंग और नाम को इंगित करने वाली दो पट्टियाँ (प्रत्येक 5 सेमी लंबी और 1.5 सेमी चौड़ी)। इन्हें स्टील ग्रे रंग के चौकोर कपड़े पर क्षैतिज रूप से 2 सेमी की दूरी पर सिला जाता है। इस पैच को बाएँ आस्तीन के शीर्ष पर, शोल्डर बैज के ठीक नीचे पहना जाएगा। (नोट: यदि एम्बुलेंस मैन बैज है, तो यह उसके नीचे पहना जाएगा)।
- सदस्यता बैजहरी पृष्ठभूमि पर पीले रंग के फ्लेर-डे-लिस/तिपत्ती (केंद्र में अशोक चक्र के साथ)। इसे शर्ट के बाएँ पॉकेट की प्लीट (Pleat) के केंद्र में पहना जाएगा।

विश्व स्काउट बैजइस बैज को शर्ट के दाएँ पॉकेट की प्लीट (Pleat) के केंद्र में पहना जाएगा।

स्व-मूल्यांकन एवं अभ्यास (Exercise)

1. स्काउट कार्यक्रम के किन्हीं पाँच प्रमुख आदर्शों को सूचीबद्ध कीजिए।
2. स्काउट दल (Scout Troop) के गठन के संबंध में संख्या बल, नामकरण और पंजीकरण के नियमों का उल्लेख कीजिए।
3. स्काउट मास्टर और सहायक स्काउट मास्टर के पदों के लिए आवश्यक आयु, शैक्षणिक योग्यता और नियुक्ति प्रक्रिया को समझाइए।
4. टोली प्रणाली (Patrol System) क्या है? दल लीडर, टोली लीडर और सेकंड की वर्दी पहचान (हरी पट्टियों के नियम) को सचित्र या स्पष्ट रूप से समझाइए।
5. कोर्ट ऑफ ऑनर (Court of Honour) के गठन और उसके मुख्य कार्यों पर प्रकाश डालिए।
6. एक 'स्काउट एस्पिरेंट' को दीक्षा (Investiture) प्राप्त करने से पूर्व प्रवेशिका पाठ्यक्रम के तहत कौन-कौन सी आवश्यकताएँ पूरी करनी होती हैं?

9

गाइडिंग कार्यक्रम—बालिका के सर्वांगीण विकास का सोपान

गाइडिंग कार्यक्रम बालिकाओं को साहस, आत्मविश्वास और नेतृत्व से भरपूर एक जिम्मेदार नागरिक बनने के लिए प्रेरित करता है।

यह कार्यक्रम, किसी पाठ्यक्रम की तरह नहीं है, बल्कि जीवन जीने का एक रोमांचक तरीका है। BSG का लक्ष्य है कि जब एक बालिका इस पूरे गाइड कार्यक्रम को सफलतापूर्वक पूरा कर ले, तो वह अपने जीवन को पूरी दक्षता और गर्व के साथ जी सके।

गाइड कार्यक्रम के माध्यम से, हर बालिका इन आदर्शों को प्राप्त करने में सक्षम होगी।

गाइड बनने की पात्रता

गाइड बनने के लिए मुख्य रूप से तीन कसौटियाँ (Criteria) हैं, जो किसी भी भारतीय बालिका को इस महान आंदोलन का हिस्सा बनने की पात्रता देती हैं:

पात्रता मानदंड (Eligibility Criteria)

एक बालिका को गाइड बनने के लिए निम्नलिखित शर्तों को पूरा करना आवश्यक है:

राष्ट्रीयता और आयु सीमा : वह भारत की नागरिक होनी चाहिए। उसकी आयु 10 वर्ष पूर्ण हो चुकी हो, लेकिन 17 वर्ष पूर्ण न हुई हो। (अर्थात् 10 से 17 वर्ष के बीच की आयु सीमा)।

प्रतिज्ञा और नियम की स्वीकृति : वह स्वेच्छा से गाइड प्रतिज्ञा (Guide Promise) और गाइड नियमों (Guide Law) को स्वीकार करे और उनके पालन का संकल्प ले। यह किसी भी गाइड बनने की सबसे महत्वपूर्ण शर्त है।

कंपनी की सदस्यता : वह विधिवत रूप से किसी पंजीकृत गाइड कंपनी (Guide Company) की सदस्य बन जाए।

विशेष छूट (Extension Period) : यदि कोई गाइड 17 वर्ष की आयु पूरी होने के बाद भी अपने विद्यालय में शिक्षा ग्रहण करना जारी रखती है, तो उसे अधिकतम 18 वर्ष की आयु तक गाइड दल (Unit) में रहने की अनुमति दी जाती है। 18 वर्ष पूर्ण होने के बाद, उससे अपेक्षा की जाती है कि वह अगले उच्चतर अनुभाग रेंजर अनुभाग (Ranger Section) में प्रवेश ले।

संक्षेप में, गाइड वह भारतीय बालिका है जो 10 से 17 वर्ष की आयु के बीच, सेवा और चरित्र निर्माण के आदर्शों को अपनी प्रतिज्ञा के माध्यम से स्वीकार करती है।

गाइडिंग कार्यक्रम के आदर्श (Programme Ideals)

- **उत्कृष्ट चरित्र और दक्षता :** वह अपने चरित्र को विकसित करेगी ताकि वह स्वस्थ, कुशल और हर काम में सक्षम बन सके।
- **अच्छी नागरिकता की नींव :** वह अच्छे नागरिक धर्म के मूलभूत सिद्धांतों को स्वीकार करेगी और उनका पालन करना सीखेगी।
- **आत्म-निर्भरता का कौशल :** वह ऐसे आवश्यक कौशल सीखेगी और अभ्यास करेगी जो उसे आत्म-निर्भर बनाएँ, और फिर इन कौशलों का उपयोग दूसरों की सहायता के लिए तैयार रहेगी।
- **सर्वांगीण विकास के लिए सामूहिक प्रयास :** वह सामूहिक गतिविधियों और चुनौतियों में भाग लेगी, जो उसके शारीरिक, मानसिक और भावनात्मक सर्वांगीण विकास में योगदान करेंगी।
- **क्षमता का बोध और सामुदायिक सेवा :** वह अपनी आंतरिक क्षमताओं और संभावनाओं को पहचानेगी और उन्हें समाज की सेवा में समर्पित करेगी।
- **प्रकृति के प्रति श्रद्धा :** वह प्रकृति के चमत्कारों को समझने के लिए अपनी अवलोकन शक्ति को बेहतर बनाएगी और प्रकृति का पोषण करके उसके प्रति सम्मान व्यक्त करने की भावना विकसित करेगी।

- **उपयोगी निर्माण की कला :** वह ऐसे उपयोगी और रचनात्मक उत्पाद बनाना सीखेगी जो दूसरों के लिए हितकारी हों।
- **सार्वजनिक संपत्ति की जिम्मेदारी :** वह यह महसूस करेगी कि सार्वजनिक संपत्ति भी उसकी अपनी ही संपत्ति है और उसकी देखभाल करने का पूरा प्रयास करेगी।
- **समुदाय और राष्ट्र के प्रति कर्तव्य :** वह खुद को अपने समुदाय का अभिन्न अंग मानेगी और अपने देश के प्रति अपने कर्तव्य को गहराई से समझेगी।
- **साहसिक यात्रा की तैयारी :** वह साहसिक गतिविधियों को करने के लिए भविष्य के गाइडिंग कौशलों को सुधारेगी और साहस के प्रति प्रेम विकसित करेगी।
- **राष्ट्रीय विरासत का सम्मान :** वह हमारी राष्ट्रीय विरासत और संस्कृति को समझेगी और उन्हें बनाए रखने के लिए संकल्प लेगी।
- **प्रकृति संरक्षण की पहल :** वह प्राकृतिक संसाधनों के संरक्षण के लिए व्यक्तिगत और सामूहिक अभ्यास करेगी, और इस संबंध में दूसरों को शिक्षित करने के लिए भी तैयार रहेगी।
- **गतिशील नेतृत्व के गुण :** वह एक सफल लीडर के गुणों को विकसित करेगी और उसे मिलने वाले हर नेतृत्व के अवसर पर पूरी क्षमता और प्रभावशीलता के साथ भाग लेगी।
- **राष्ट्रीय एकता में योगदान :** वह अपने देश और देशवासियों के बारे में अध्ययन करेगी और राष्ट्रीय एकता को मजबूत करने के लिए सक्रिय योगदान देगी।

गाइड कंपनी: संगठन की मूलभूत इकाई (The Basic Unit of Organisation)

गाइड कंपनी वह संगठनात्मक इकाई है जिसमें बालिकाएँ एक साथ मिलकर गाइडिंग कार्यक्रम को संचालित करती हैं। किसी भी गाइड कंपनी का सफल संचालन BSG के नियमों के अनुसार होता है।

यहाँ गाइड कंपनी के गठन और उसके नियमों का विस्तृत विवरण दिया गया है:

संख्या बल (Strength of the Company)

गाइड कंपनी के प्रभावी ढंग से कार्य करने के लिए उसकी सदस्य संख्या सुनिश्चित की गई है - एक गाइड कंपनी में गाइड्स की संख्या कम से कम 12 होनी चाहिए। गाइड्स की संख्या 32 से अधिक नहीं होनी चाहिए। यह संख्या इसलिए निश्चित की गई है ताकि गाइड कैप्टन (Guide Captain) प्रभावी ढंग से हर सदस्य पर ध्यान केंद्रित कर सकें और हर गाइड को नेतृत्व तथा टोली कार्य (Patrol Work) में भाग लेने का पर्याप्त अवसर मिल सके।

समूह के भाग के रूप में कंपनी (Company as a Unit of a Group)

गाइड कंपनी अक्सर एक बड़े समूह (Group) का हिस्सा होती है, जो विभिन्न आयु वर्गों को एक साथ लाता है: एक गाइड कंपनी आमतौर पर एक ऐसे समूह की इकाई होती है जिसमें बुलबुल दल (Bulbul Flock), गाइड कंपनी (Guide Company) और रेंजर टीम (Ranger Team) शामिल हो सकते हैं।

अपवाद: यदि किसी स्थान पर ऐसा कोई समूह मौजूद नहीं है (यानी, केवल गाइड कंपनी ही कार्यरत है), तो उस गाइड कंपनी को ही अस्थायी रूप से एक समूह (Group) माना जाएगा।

पंजीकरण की अनिवार्यता (Mandatory Registration)

गाइड कंपनी को मान्यता प्राप्त करने और आंदोलन के लाभ उठाने के लिए, प्रत्येक गाइड कंपनी का पंजीकरण (Registration) अनिवार्य है। पंजीकरण यह सुनिश्चित करता है कि कंपनी BSG के तहत काम कर रही है और उसे राष्ट्रीय एवं अंतर्राष्ट्रीय गतिविधियों में भाग लेने की अनुमति है।

कंपनी का नामकरण और पहचान (Naming and Identification)

प्रत्येक गाइड कंपनी की अपनी एक विशेष पहचान होती है, जो उसके गौरव को दर्शाती है। प्रत्येक गाइड कंपनी का एक विशिष्ट नाम होना आवश्यक है।

नामकरण का आधार : यदि गाइड कंपनी किसी बड़े समूह की इकाई है, तो वह उसी समूह का नाम धारण करेगी। समूह का नाम किसी स्थानीय स्थान (Locality), संस्था (Institution) या भारत की किसी महान महिला व्यक्तित्व (Great Female Personalities of India) के नाम पर रखा जा सकता है।

क्रम संख्या (Serial Number) : हर समूह को स्थानीय संघ (Local Association) या जिला संघ (District Association), जैसी भी स्थिति हो, द्वारा एक क्रम संख्या (Serial Number) प्रदान की जाती है। यह क्रम संख्या आधिकारिक पहचान और रिकॉर्ड रखने के लिए आवश्यक है।

गाइड कैप्टन और सहायक गाइड कैप्टन : नेतृत्व की भूमिका

गाइड कंपनी की सफलता सीधे उसके नेतृत्व की गुणवत्ता पर निर्भर करती है। गाइड कैप्टन (Guide Captain) और सहायक गाइड कैप्टन (Assistant Guide Captain) कंपनी के प्रशासनिक, शैक्षिक और नैतिक पहलुओं की जिम्मेदारी संभालती हैं।प्रत्येक गाइड कंपनी के लिए एक गाइड कैप्टन का होना अनिवार्य है। एक गाइड कंपनी में एक या अधिक सहायक गाइड कैप्टन हो सकती हैं। इनका अनुपात प्रति आठ गाइड्स पर एक सहायक गाइड कैप्टन के हिसाब से तय किया जाता है। (उदाहरण: यदि कंपनी में 24 गाइड्स हैं, तो अधिकतम 3 सहायक गाइड कैप्टन हो सकती हैं।)

गाइड कैप्टन और सहायक गाइड कैप्टन की योग्यताएँ (Qualifications)

गाइड कैप्टन और सहायक गाइड कैप्टन के लिए निर्धारित योग्यताएँ यह सुनिश्चित करती हैं कि वे न केवल आंदोलन के सिद्धांतों को जानती हों, बल्कि उनमें युवा बालिकाओं को प्रेरित करने और उनका मार्गदर्शन करने की व्यक्तिगत क्षमता भी हो।

लिंग (Sex) - गाइड कैप्टन और सहायक गाइड कैप्टन केवल महिला ही हो सकती है।

आयु संबंधी पात्रता (Age Eligibility) : पद के अनुसार आयु सीमा निर्धारित की गई है ताकि पर्याप्त परिपक्वता (Maturity) सुनिश्चित की जा सके।

- **गाइड कैप्टन :** इस पद के लिए महिला की आयु 21 वर्ष पूर्ण हो चुकी होनी चाहिए।
- **सहायक गाइड कैप्टन :** इस पद के लिए महिला की आयु 18 वर्ष पूर्ण हो चुकी होनी चाहिए।

शैक्षणिक योग्यता (Educational Qualification)

नियुक्ति के लिए आवश्यक है कि महिला ने कम से कम इंटरमीडिएट (10+2) या समकक्ष प्रमाण पत्र प्राप्त किया हो।

अपवाद : कुछ असाधारण मामलों में, यदि किसी व्यक्ति में गाइडिंग के प्रति विशेष लगन और योग्यता हो, तो शैक्षिक योग्यता से छूट दी जा सकती है। यह छूट संबंधित सहायक जिला आयुक्त (गाइड) / जिला आयुक्त (गाइड) और जिला मुख्य आयुक्त की सिफारिश पर राज्य मुख्य आयुक्त द्वारा प्रदान की जा सकती है।

चरित्र, आचरण और ज्ञान (Character, Conduct, and Knowledge)

योग्यता केवल कागजी नहीं, बल्कि चरित्र पर भी आधारित होती है, जो स्काउटिंग और गाइडिंग का मूल सिद्धांत है। आवेदक का चरित्र, आचरण और पूर्ववृत्त (Antecedents) उत्कृष्ट होना चाहिए। वह समाज में भरोसेमंद और सम्माननीय व्यक्ति होनी चाहिए।उसे गाइड आंदोलन और उसकी कार्यप्रणाली (Methods) का गहन ज्ञान होना चाहिए। विशेष रूप से, उसे आंदोलन के धार्मिक और नैतिक आधार की सराहना करनी चाहिए और अपने कार्य में BSG द्वारा निर्धारित नियमों को लागू करने की समझ होनी चाहिए।उसके पास युवा बालिकाओं के साथ व्यवहार करने की विशेष योग्यता (Special Aptitude) होनी चाहिए, ताकि वह उन्हें प्रभावी ढंग से प्रेरित और प्रशिक्षित कर सके।

अनिवार्य प्रशिक्षण अवधि (Mandatory Training Period)

नियुक्ति से पूर्व, आवेदक को राष्ट्रीय संघ द्वारा निर्धारित प्रशिक्षण अवधि को संतोषजनक ढंग से पूरा करना अनिवार्य है। यह प्रशिक्षण सुनिश्चित करता है कि वे गाइडिंग पद्धति और कौशल में निपुण हों।

कार्य और उत्तरदायित्व (Functions and Responsibilities) : नेतृत्व की भूमिकाएँ स्पष्ट रूप से परिभाषित हैं ताकि कार्य सुचारू रूप से चल सके:

गाइड कैप्टन (Guide Captain) -

- **समूह पर्यवेक्षण (Group Supervision) :** जहाँ गाइड कंपनी किसी बड़े समूह का हिस्सा है, वहाँ गाइड कैप्टन ग्रुप लीडर (Group Leader) के सामान्य पर्यवेक्षण के तहत कार्य करेगी।
- **कंपनी का प्रबंधन (Management of Company) :** गाइड कैप्टन कंपनी के मामलों के प्रबंधन के लिए पूरी तरह से जिम्मेदार होती है।
- **अधिकारों का प्रत्यायोजन (Delegation of Authority) :** यद्यपि वह प्रमुख होती है, वह अनुशासन, प्रशासन और वित्त जैसे मामलों को कोर्ट ऑफ ऑनर (Court of Honour) को सौंप देती है। यह गाइड्स को नेतृत्व और जिम्मेदारी लेने का प्रशिक्षण देने के लिए किया जाता है।

सहायक गाइड कैप्टन (Assistant Guide Captain) -

सहायक गाइड कैप्टन का मुख्य कार्य गाइड कैप्टन की सहायता करना होता है। वह उनके द्वारा सौंपे गए सभी कर्तव्यों और जिम्मेदारियों का निर्वहन करती है, जिससे नेतृत्व क्षमता का विकास होता है।

नियुक्ति प्रक्रिया और प्राधिकरण (Appointment Process and Authority)

गाइड कैप्टन और सहायक गाइड कैप्टन की नियुक्ति एक औपचारिक प्रक्रिया के तहत होती है, जो BSG के संगठन और नियमों का पालन करती है। नियुक्ति के लिए सबसे पहले जिला आयुक्त (गाइड) और जिला मुख्य आयुक्त द्वारा सिफारिश की जाती है। यदि स्थानीय संघ (Local Association) है, तो यह सिफारिश सहायक जिला आयुक्त द्वारा जिला संघ के माध्यम से भेजी जाती है।इसके उपरान्त नियुक्ति, राज्य आयुक्त (गाइड) के साथ परामर्श करने के बाद राज्य मुख्य आयुक्त द्वारा की जाती है। नियुक्ति की पुष्टि होने पर, गाइड कैप्टन और सहायक गाइड कैप्टन दोनों को एक आधिकारिक वॉरंट (Warrant) जारी किया जाता है। यह वॉरंट उनकी नियुक्ति और प्राधिकार (Authority) का प्रमाण होता है।

गाइड कैप्टन और सहायक गाइड कैप्टन की वर्दी

गाइड कैप्टन और सहायक गाइड कैप्टन की वर्दी एक समान होती है, जो उनके पद की एकता, अनुशासन और विशिष्ठता को दर्शाती है। यह वर्दी BSG के मानकों और नियमों के अनुसार अनिवार्य है।

अनिवार्य वर्दी के घटक (Compulsory Uniform Components)

वर्दी में कई विकल्प उपलब्ध हैं, लेकिन प्रत्येक विकल्प के डिज़ाइन और सामग्री का कड़ाई से पालन करना आवश्यक है:

(क) मुख्य परिधान (Main Attire) :

विकल्प विवरण

- 1. सलवार, कमीज़ और दुपट्टा : सलवार और कमीज़ सादी, अपारदर्शी, सफेद सामग्री की होगी। कमीज़ की लंबाई घुटनों तक होगी। इसमें दो पैच पॉकेट, दो साइड पॉकेट, कोहनी से 8 सेंटीमीटर ऊपर तक की आधी आस्तीनें, 4 सेंटीमीटर चौड़े मुड़े हुए कफ़ (Cuffs) होंगे। स्पोर्ट्स कॉलर खुला होगा और दोनों कंधों पर एपॉलेट्स लगे होंगे। टाइट-फिटिंग वर्जित है।
- 2. मिडी स्कर्ट और ब्लाउज : स्कर्ट गहरे आसमानी नीले (Deep Sky-Blue) रंग की सादी अपारदर्शी सामग्री की होगी, जिसमें साइड पॉकेट और पीछे की तरफ़ एक स्लिट (Slit) होगी। लंबाई घुटने और टखने के बीच तक होगी। ब्लाउज: सफेद रंग का, उसी पैटर्न (पॉकेट, आस्तीन, कॉलर, एपॉलेट्स) में होगा, जिसकी लंबाई कमर रेखा से 8 सेंटीमीटर नीचे तक होगी। यह भी टाइट-फिटिंग नहीं होगा।
- 3. साड़ी और ब्लाउज : साड़ी गहरे आसमानी नीले रंग की सादी अपारदर्शी सामग्री की। ब्लाउज: सफेद रंग का, उसी निर्धारित पैटर्न (पॉकेट, आस्तीन, कॉलर, एपॉलेट्स, लंबाई) में होगा।
- दुपट्टा: गहरा आसमानी नीला (Deep Sky-Blue) और सादे, अपारदर्शी कपड़े का। (यह सलवार-कमीज़ विकल्प के साथ अनिवार्य है)।

(ख) अन्य अनिवार्य वस्तुएँ:

घटक विवरण

बेल्ट ब्राउन नाइलक्स बेल्ट, जिस पर राष्ट्रीय संघ द्वारा प्रदान किया गया पीतल का आधिकारिक बकल लगा होगा।

स्कार्फ समूह के रंग और पैटर्न का स्कार्फ (हरा, बैंगनी और पीला रंग वर्जित है), जो स्थानीय या जिला संघ द्वारा अनुमोदित हो। इसे कॉलर और एपॉलेट्स के ऊपर पहना जाएगा, और समूह के वोगल (Woggle) से कसा जाएगा। स्कार्फ त्रिकोणीय होगा, जिसकी दो समान भुजाओं की न्यूनतम लंबाई 70 सेंटीमीटर और अधिकतम लंबाई 80 सेंटीमीटर होगी।

जुराबें Camel रंग की।

फुटवियरकाले चमड़े या काले कैनवास के बंद जूते। चिकित्सा कारणों पर एड़ी रहित (without heels) काली सैंडल पहनने की अनुमति दी जा सकती है।

केश विन्यास लंबे बालों का जूड़ा (Hair locks/Juda) बनाना या छोटे बालों को काली क्लिप/बैंड से बांधना अनिवार्य है।

अनिवार्य बैज और प्रतीक (Mandatory Badges and Emblems)

सदस्यता बैज (Membership Badge): हरी पृष्ठभूमि पर पीले रंग का फ्लेर-डे-लिस (त्रिपत्र), जिसके केंद्र में पीले रंग का अशोक चक्र लगा होगा। यह बाएँ आस्तीन के मध्य में पहना जाएगा।

शोल्डर बैज (Shoulder Badge): सफेद पृष्ठभूमि और लाल बॉर्डर वाला, 6 से 8 सेंटीमीटर लंबा और 1.5 सेंटीमीटर चौड़ा बैज। इस पर लाल अक्षरों में समूह/जिला/राज्य का नाम (और वैकल्पिक रूप से क्रम संख्या) लिखा होगा। इसे दोनों कंधों पर सीवन के ठीक नीचे हल्के घुमाव के साथ पहना जाएगा।

विश्व गाइड बैज (World Guide Badge): इसे दाएँ आस्तीन के मध्य में पहना जाएगा।

नेम स्ट्राइप (Name Stripe): राष्ट्रीय मुख्यालय द्वारा प्रदत्त "द भारत स्काउट्स एंड गाइड्स" वाली पट्टी को ब्लाउज या कमीज़ पर दाएँ पॉकेट के ऊपर पहना जा सकता है। इसका आकार 11 सेमी. x 2 सेमी. होगा, जिसके दाएँ कोने में 3 सेमी. x 2 सेमी. आकार का राष्ट्रीय ध्वज का तिरंगा होगा।

टोली प्रणाली : नेतृत्व और सहयोग का प्रशिक्षण (The Patrol System: Training in Leadership and Cooperation)

टोली प्रणाली गाइडिंग की एक अनूठी पद्धति है, जहाँ बड़ी कंपनी को छोटे, आत्म-निर्भर समूहों में बाँटा जाता है। यह प्रणाली प्रत्येक गाइड को 'करके सीखने' (Learning by Doing) और नेतृत्व के अभ्यास का सीधा अवसर देती है।

टोली का गठन और पहचान (Formation and Identity of the Patrol)

गठन: एक गाइड कंपनी को कई टोलियों (Patrols) में विभाजित किया जाएगा। प्रत्येक टोली में 6 से 8 गाइड्स शामिल होंगी, जिसमें टोली लीडर (Patrol Leader) और सेकंड (Second) भी शामिल हैं। प्रत्येक टोली की अपनी एक विशिष्ट पहचान होगी -

- टोली कॉर्नर (Patrol Corner)
- टोली गीत (Patrol Song)
- टोली जयकारा (Patrol Yell)
- टोली संकेत (Patrol Sign)
- टोली ध्वज (Patrol Flag)

नामकरण: प्रत्येक टोली का नामकरण फूलों के नाम पर किया जाएगा। यह नाम टोली-इन-काउंसिल के परामर्श से चुना जाएगा। टोली के सभी सदस्य अपनी वर्दी पर उस फूल का प्रतीक चिन्ह (Emblem) पहनेंगे।

नेतृत्व संरचना (The Leadership Structure)

गाइड कंपनी में एक पदानुक्रमित (Hierarchical) नेतृत्व संरचना होती है जो बालिग लीडर्स (Guide Captain) की अनुपस्थिति में भी काम जारी रखने की क्षमता रखती है:

(क) कंपनी लीडर (Company Leader)

- **पात्रता :** वह टोली लीडर्स में से चुनी जाती है, जिसके पास टोली लीडर के रूप में कम से कम 6 महीने की सेवा हो और उसने द्वितीय सोपान बैज (Dwitiya Sopan Badge) प्राप्त कर लिया हो।
- **नियुक्ति :** गाइड कैप्टन द्वारा कोर्ट ऑफ ऑनर के परामर्श से नियुक्त की जाती है।
- **कार्य :** वह गाइड कैप्टन और सहायक गाइड कैप्टन को सक्रिय सहायता प्रदान करती है और बालिग यूनिट लीडर्स की अनुपस्थिति में यूनिट (कंपनी) का प्रभार संभालती है।
- **वर्दी और बैज :** वह गाइड वर्दी पहनती है, और इसके अतिरिक्त बाएँ आस्तीन के कफ के ऊपर 1 सेमी. के अंतराल पर सिलाई किए गए 1.5 सेमी. चौड़े तीन हरे आर्मलेट पहनती है। कंपनी लीडर का बैज दाएँ आस्तीन पर 4 सेमी. ऊपर लगाया जाता है।

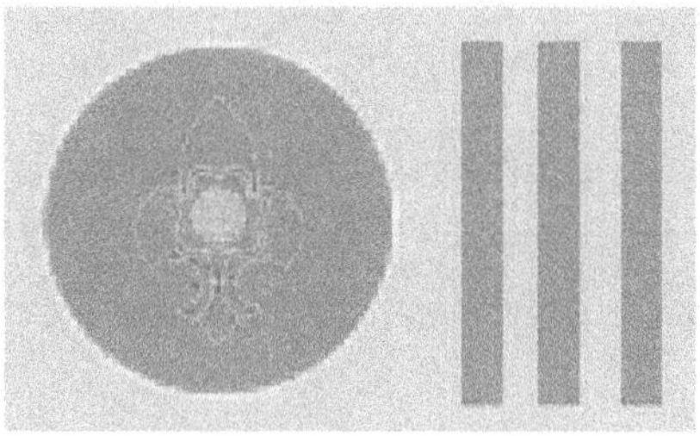

(ख) सहायक कंपनी लीडर (Assistant Company Leader)

- **पात्रता :** वह भी टोली लीडर्स में से चुनी जाती है, जिसके पास टोली लीडर के रूप में कम से कम 6 महीने की सेवा हो और उसने द्वितीय सोपान बैज प्राप्त कर लिया हो।
- **नियुक्ति :** गाइड कैप्टन द्वारा कोर्ट ऑफ ऑनर के परामर्श से नियुक्त की जाती है।
- **कार्य :** वह कंपनी लीडर के निर्देशानुसार उनकी सहायता करती है।

- **वर्दी और बैज :** गाइड वर्दी और बाएँ आस्तीन के कफ के ऊपर 1 सेमी. के अंतराल पर सिलाई किए गए 1.5 सेमी. चौड़े तीन हरे आर्मलेट पहनती है। सहायक कंपनी लीडर का बैज भी दाएँ आस्तीन पर 4 सेमी. ऊपर लगाया जाता है।

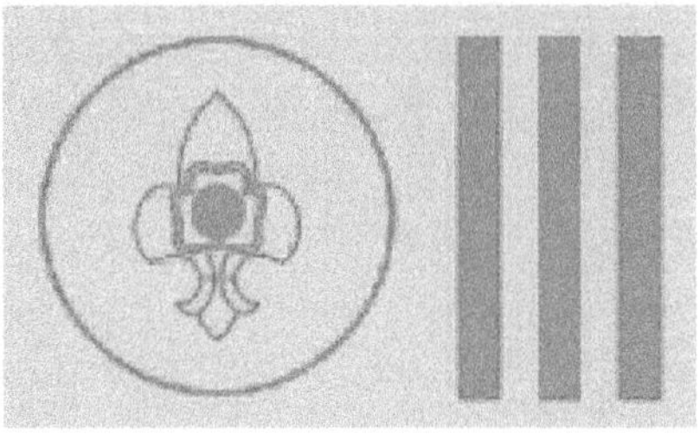

(ग) टोली लीडर (Patrol Leader)

- **पद :** प्रत्येक टोली के लिए एक टोली लीडर होती है।
- **नियुक्ति :** गाइड कैप्टन द्वारा कोर्ट ऑफ ऑनर और संबंधित टोली के परामर्श से नियुक्त की जाती है।
- **कार्य :** वह अपनी टोली का नेतृत्व करती है, टोली की गतिविधियों और अनुशासन की प्राथमिक जिम्मेदारी संभालती है।
- **वर्दी और बैज :** गाइड वर्दी के साथ बाएँ आस्तीन के कफ के ऊपर 1 सेमी. के अंतराल पर सिलाई किए गए 1.5 सेमी. चौड़े दो हरे आर्मलेट पहनती है।

(घ) सेकंड (Second)

- **पद:** प्रत्येक टोली के लिए एक सेकंड होती है।
- **नियुक्ति :** टोली लीडर द्वारा गाइड कैप्टन और कोर्ट ऑफ ऑनर के अनुमोदन से चुनी जाती है।
- **कार्य :** वह टोली लीडर की सहायता करती है और उसकी अनुपस्थिति में उसका स्थान लेती है।
- **वर्दी और बैज :** गाइड वर्दी के साथ बाएँ आस्तीन के कफ के ऊपर 1 सेमी. की दूरी पर सिलाई किया गया 1.5 सेमी. चौड़ा एक हरा आर्मलेट पहनती है।

निर्णय लेने वाली संस्थाएँ (Decision Making Bodies)
(क) कोर्ट ऑफ ऑनर (Court of Honour)

- **गठन :** यह हर कंपनी के लिए अनिवार्य है और इसमें कंपनी लीडर, सहायक कंपनी लीडर और सभी टोली लीडर्स शामिल होते हैं। अनुशासन के मामलों को छोड़कर, सेकंड को भी सदस्य के रूप में शामिल किया जा सकता है।
- **नेतृत्व :** कंपनी लीडर, सहायक कंपनी लीडर, या उनके द्वारा चुने गए टोली लीडर अध्यक्ष के रूप में कार्य करते हैं, और एक सचिव के रूप में।
- **कार्य :** कोर्ट ऑफ ऑनर गतिविधियों की योजना बनाती है, कंपनी के आंतरिक मामलों, वित्त और अनुशासन से संबंधित मामलों का निपटारा करती है।
- **सलाहकार :** गाइड कैप्टन और सहायक गाइड कैप्टन इसमें सलाहकार के रूप में कार्य करती हैं।

(ख) टोली-इन-काउंसिल (Patrol-in-Council)

- **गठन :** यह प्रत्येक टोली के लिए अनिवार्य है और इसमें टोली के सभी सदस्य शामिल होते हैं।
- **नेतृत्व :** टोली लीडर इसका अध्यक्ष होती है।

- **कार्य :** टोली-इन-काउंसिल टोली से संबंधित सभी मामलों का निपटारा करती है, जिससे टोली को अपने छोटे मामलों में निर्णय लेने की स्वायत्तता मिलती है।

गाइड : प्रवेशिका और बुनियादी प्रशिक्षण (The Guide: Pravesh and Foundational Training)

गाइड बनने की यात्रा प्रवेशिका से शुरू होती है। यह वह चरण है जहाँ एक बालिका औपचारिक रूप से गाइड आंदोलन के सिद्धांतों, मूल्यों और पद्धतियों को सीखती है। यह ज्ञान ही उसे एक जिम्मेदार और दक्ष गाइड बनने के लिए तैयार करता है।

गाइड एस्पिरेंट की पात्रता और अवधि (Eligibility and Duration of Aspirant)

- **पात्रता :** कोई भी भारतीय नागरिक बालिका जिसने 10 वर्ष पूर्ण कर लिए हों, लेकिन 17 वर्ष पूर्ण न किए हों, वह गाइड एस्पिरेंट (Guide Aspirant) बनने के लिए पात्र है।
- **प्रवेशिका अवधि :** गाइड एस्पिरेंट को गाइड के रूप में दीक्षित होने से पहले, गाइड कैप्टन की संतुष्टि के लिए, कम से कम तीन महीने तक प्रवेशिका की आवश्यकताओं को पूरा करना होता है।

प्रवेशिका की आवश्यकताएँ (Pravesh Requirements)

प्रवेशिका पाठ्यक्रम का उद्देश्य बालिका को आंदोलन के मूल सिद्धांतों और राष्ट्र के प्रति सम्मान से परिचित कराना है जिसके लिए गाइड एस्पिरेंट से निम्न अपेक्षाएँ है -

- गाइड आंदोलन की समग्र जानकारी (Holistic Knowledge) रखना। गाइडिंग के उद्भव (Origin), परिभाषा, उद्देश्य, सिद्धांत (Principle) और भारत स्काउट्स एवं गाइड्स की पद्धति की संक्षिप्त जानकारी रखना।
- मूल सिद्धांत - गाइड प्रतिज्ञा (Promise) और गाइड नियम (Law) को याद करना और समझना।
- पहचान - गाइड मोटो (Motto), चिन्ह (Sign), सैल्यूट (Salute) और बाएँ हाथ का मिलाप (Left Hand Shake) जानना।
- सेवाघर पर हर दिन एक अच्छा काम (Daily Good Turn) करना और इस अभ्यास को कम से कम एक महीने तक डायरी में दर्ज करना।
- गाइड वर्दी के भागों को जानना और इसे सही ढंग से पहनना सीखना।
- राष्ट्रीय ध्वज (तिरंगा), भारत स्काउट्स एवं गाइड्स ध्वज और विश्व गाइड ध्वज की संरचना, महत्व और ध्वज शिष्टाचार (Flag Etiquette) को जानना।
- राष्ट्रगान, भारत स्काउट्स एवं गाइड्स प्रार्थना और ध्वज गीत को सही ढंग से गाना। साथ ही, इन गीतों के रचयिता, समयावधि और अर्थ के बारे में जानना।
- कंपनी की कम से कम चार बैठकों में भाग लेना।
- अपनी टोली के साथ मिलकर 4 घंटे का एक उद्देश्यपूर्ण आउटिंग करना।

दीक्षा और पहचान

- **दीक्षा :** प्रवेशिका की आवश्यकताओं को पूरा करने के बाद, बालिका गाइड कैप्टन के समक्ष गाइड प्रतिज्ञा लेती है और उसे औपचारिक रूप से गाइड के रूप में दीक्षित (Invested) किया जाता है।
- **पहचान :** दीक्षा के बाद, वह गाइड वर्दी और सदस्यता बैज (Membership Badge) पहनने के लिए पात्र हो जाती है।
- **सदस्यता बैज :** यह हरी पृष्ठभूमि पर पीले रंग के फ्लेर-डे-लिस (त्रिपत्र) का कपड़ा बैज है, जिसके केंद्र में पीले रंग का अशोक चक्र लगा हुआ तिपत्ती (Trefoil) है। यह बाएँ आस्तीन के मध्य में पहना जाता है। यह बैज गाइड कैप्टन की सिफारिश पर स्थानीय या जिला संघ द्वारा जारी किया जाता है।

गाइडिंग के मौलिक आधार (Foundational Pillars of Guiding)

प्रवेशिका के दौरान, बालिका को निम्नलिखित मौलिक तत्वों का ज्ञान प्राप्त होता है:

प्रतिज्ञा (Promise), गाइड नियम, मोटो (Motto) "तैयार रहो" (Be Prepared), अच्छा काम (Good Turn), चिन्ह (Sign), सैल्यूट (Salute)

गाइड वर्दी: अनुशासन और समानता का प्रतीक (Guide Uniform: Symbol of Discipline and Equality)

गाइड वर्दी केवल वस्त्र नहीं है, बल्कि यह अनुशासन, गौरव और समानता का प्रतीक है। जब एक गाइड अपनी निर्धारित वर्दी पहनती है, तो वह अपने व्यक्तिगत भेद छोड़कर एक विशाल राष्ट्रीय आंदोलन का हिस्सा बन जाती है। गाइड वर्दी के निम्नलिखित घटक BSG नियमों के अनुसार अनिवार्य हैं:

गाइडों के लिए तीन मुख्य वर्दी विकल्प हैं, जिन्हें वे अपनी सुविधा के अनुसार चुन सकती हैं:

1. ओवरऑल (Overall) - गहरा आसमानी नीला (Deep Sky Blue) ओवरऑल, सादे, अपारदर्शी कपड़े का। इसमें दो ऊपर पैच पॉकेट और नीचे की तरफ़ दो साइड पॉकेट होंगी। आस्तीन कोहनी से 8 सेमी ऊपर तक, 4 सेमी चौड़े मुड़े और सिले हुए कफ़ के साथ। खुला स्पोर्ट्स कॉलर और दोनों कंधों पर एपॉलेट्स लगे होंगे। यह टाइट-फिटिंग नहीं होगा।

2. सलवार, कमीज़ और दुपट्टा - सलवार और दुपट्टा गहरे आसमानी नीले रंग का। कमीज़: हल्के नीले रंग की सादी अपारदर्शी सामग्री की। लंबाई घुटनों तक होगी। इसमें दो पैच पॉकेट, दो साइड पॉकेट, और 4 सेमी चौड़े कफ़ के साथ आधी आस्तीनें होंगी। खुला स्पोर्ट्स कॉलर और एपॉलेट्स अनिवार्य हैं। टाइट-फिटिंग वर्जित है।

3. मिडी स्कर्ट और ब्लाउज - स्कर्ट गहरे आसमानी नीले रंग की सादी अपारदर्शी, साइड पॉकेट और पीछे स्लिट के साथ। लंबाई घुटने और टखने के बीच की आधी दूरी तक होगी। ब्लाउज: सफेद रंग का सादी अपारदर्शी सामग्री का। दो पैच पॉकेट और 4 सेमी चौड़े कफ़ के साथ आधी आस्तीनें होंगी। ब्लाउज की लंबाई कमर रेखा से 8 सेमी नीचे तक होगी। स्कर्ट और ब्लाउज टाइट-फिटिंग नहीं होंगे।

अन्य अनिवार्य सहायक वस्तुएँ:

- ब्राउन नाइलक्स बेल्ट, राष्ट्रीय संघ द्वारा प्रदत पीतल का आधिकारिक बकल लगा हुआ।
- समूह के रंग और पैटर्न का स्कार्फ (हरा, बैंगनी और पीला वर्जित)। इसे कॉलर और एपॉलेट्स के ऊपर वोगल के साथ पहना जाएगा। आकार त्रिकोणीय; दो भुजाओं की लंबाई न्यूनतम 70 सेमी और अधिकतम 80 सेमी।
- जुराबें सफेद रंग की।
- फुटवियर काले चमड़े या काले कैनवास के बंद जूते (बकल वाली पट्टी के साथ)।
- हेयर रिबन काला सादा रिबन या काला सादा हेयर बैंड (छोटे बालों के लिए बिना डिज़ाइन वाला)।
- सैश (Sash) - गहरे आसमानी नीले रंग का सैश, 10 सेंटीमीटर चौड़ा। इसे बाएँ कंधे पर छाती के आर-पार पहना जाएगा, ताकि इसका निचला सिरा दाहिनी ओर हिप स्तर से ठीक नीचे तक आए।

अनिवार्य बैज और प्रतीक (Mandatory Badges and Emblems)

गाइड वर्दी पर विभिन्न बैज लगाए जाते हैं, जो उनकी प्रगति और उपलब्धियों को दर्शाते हैं:

- सदस्यता बैज - हरी पृष्ठभूमि पर पीले रंग का फ्लेर-डे-लिस/तिपत्ती (केंद्र में अशोक चक्र के साथ)। यह बाएँ आस्तीन के मध्य में पहना जाएगा।
- शोल्डर बैज - सफेद पृष्ठभूमि और लाल बॉर्डर वाला 6-8 सेमी लंबा बैज, जिस पर समूह/जिला/राज्य का नाम (और वैकल्पिक रूप से क्रम संख्या) लाल अक्षरों में लिखा होगा। यह दोनों कंधों पर सीवन के ठीक नीचे हल्के घुमाव के साथ पहना जाएगा।
- विश्व गाइड बैज - दाएँ आस्तीन के मध्य में पहना जाएगा।
- टोली प्रतीक (Patrol Emblem)- काला पृष्ठभूमि और हरा बॉर्डर वाला, 4 सेमी व्यास (Diameter) का टोली का प्रतीक। इसे सैश के शीर्ष केंद्र में कढ़ा हुआ पहना जाएगा।
- नेम स्ट्राइप राष्ट्रीय मुख्यालय द्वारा प्रदत "द भारत स्काउट्स एंड गाइड्स" वाली पट्टी। यह ब्लाउज या कमीज़ पर दाएँ पॉकेट के ऊपर पहनी जा सकती है। पट्टी के दाएँ कोने में राष्ट्रीय ध्वज का तिरंगा (3 सेमी x 2 सेमी) होगा।
- विशेष योग्यता बैज - कार्यक्रम के अनुसार अर्जित किए गए विशेष योग्यता बैज सैश पर आरोही क्रम (Ascending Order) में लगाए जाएँगे।

स्व-मूल्यांकन एवं अभ्यास (Exercise)

1. गाइड कार्यक्रम के किन्हीं पाँच प्रमुख आदर्शों को संक्षेप में समझाइए।
2. एक भारतीय बालिका के लिए गाइड बनने हेतु निर्धारित पात्रता मानदंडों और आयु सीमा का उल्लेख कीजिए।
3. गाइड कंपनी के गठन के नियमों (संख्या बल, नामकरण और अनिवार्य पंजीकरण) पर प्रकाश डालिए।

4. गाइड कैप्टन और सहायक गाइड कैप्टन के पदों के लिए आवश्यक लिंग, आयु, शैक्षणिक योग्यता और नियुक्ति प्राधिकारी कौन हैं?
5. गाइड आंदोलन में 'टोली प्रणाली' (Patrol System) को समझाते हुए इसके नेतृत्व पदानुक्रम (हरे आर्मलेट के नियम) को स्पष्ट कीजिए।
6. कोर्ट ऑफ ऑनर (Court of Honour) के गठन और इसके प्रमुख प्रशासनिक कार्यों का वर्णन कीजिए।
7. एक 'गाइड एस्पिरेंट' को दीक्षा प्राप्त करने से पूर्व प्रवेशिका पाठ्यक्रम के तहत कौन-कौन सी आवश्यकताएँ पूरी करनी होती हैं?
8. गाइड (विद्यार्थी) की वर्दी के तीनों मुख्य विकल्पों (ओवरऑल, सलवार-कमीज़, मिडी-स्कर्ट) का विवरण देते हुए सैश और बैज लगाने के स्थानों की सूची बनाइए।

10

गाँठ से गंतव्य तक : गाँठों, फांसों और बंधनों का विज्ञान

स्काउटिंग और गाइडिंग की दुनिया में कदम रखते ही जो सबसे पहला और महत्वपूर्ण व्यावहारिक कौशल हम सीखते हैं, वह है—रस्सियों का सही उपयोग। एक साधारण सी रस्सी जब सही तकनीक के साथ जोड़ी जाती है, तो वह जीवन रक्षक उपकरण से लेकर बड़े-बड़े पुलों और ढांचों की आधारशिला बन जाती है।

अक्सर लोग सोचते हैं कि रस्सी में कैसी भी उलझन डाल देना ही गाँठ है। लेकिन स्काउटिंग हमें सिखाता है कि "एक अच्छी गाँठ वह है जो जरूरत पड़ने पर पूरी मजबूती से टिकी रहे; लेकिन जब उसे खोलना हो, तो वह एक झटके में आसानी से खुल जाए।" आइए, पायनियरिंग (Pioneering) के इस अद्भुत विज्ञान को तीन मुख्य भागों में समझें: गाँठें (Knots), फांसें (Hitches) और बंधन (Lashings)।

1. गाँठें (Knots) - रस्सियों और सिरों का संगम

गाँठों का उपयोग मुख्य रूप से दो अलग-अलग रस्सियों को आपस में जोड़ने, रस्सी के सिरे को सुरक्षित करने या रस्सी के बीच में कोई घेरा (Loop) बनाने के लिए किया जाता है।

रीफ नॉट / डॉक्टरी गाँठ (Reef Knot) : यह स्काउटिंग की सबसे बुनियादी और पहली गाँठ है। इसका उपयोग समान मोटाई की दो रस्सियों को जोड़ने के लिए किया जाता है। प्राथमिक चिकित्सा (First Aid) में पट्टियाँ बाँधने के लिए इसी का उपयोग होता है क्योंकि यह चपटी रहती है और चुभती नहीं है।

बांधने की विधि :

इसे बांधने का मूल मंत्र है—दाएँ को बाएँ के ऊपर से और बाएँ को दाएँ के ऊपर से (Right over Left, Left over Right)।

- दोनों रस्सियों के सिरों को अपने दोनों हाथों में लें (एक सिरा दाएँ हाथ में, एक बाएँ हाथ में)।
- पहले दाएँ हाथ के सिरे को बाएँ हाथ के सिरे के ऊपर से नीचे ले जाते हुए एक साधारण फेरा (Overhand Twist) लगाएँ। (Right over Left)
- अब जो सिरा आपके बाएँ हाथ में आ गया है, उसे दाएँ हाथ वाले सिरे के ऊपर से घुमाते हुए बाहर निकालें। (Left over Right)
- दोनों सिरों और मुख्य रस्सियों को एक साथ विपरीत दिशा में खींचें। एक सुंदर, चपटी और आमने-सामने समानांतर दिखने वाली गाँठ तैयार हो जाएगी।

शीट बेंड / जुलाहा गाँठ (Sheet Bend) : जब हमें दो अलग-अलग मोटाई (या असमान व्यास) की रस्सियों को आपस में जोड़ना हो, तब शीट बेंड का उपयोग किया जाता है। यह गीली रस्सियों पर भी अच्छी पकड़ बनाती है।

बांधने की विधि :

सबसे पहले मोटी रस्सी के सिरे को मोड़कर एक अंग्रेजी के 'U' अक्षर जैसा घेरा या लूप (Bight) बना लें।

अब पतली रस्सी के सिरे को नीचे से इस मोटी रस्सी के लूप के अंदर डालें।

पतली रस्सी के सिरे को बाहर निकालकर मोटी रस्सी के दोनों सिरों (लूप के पीछे) के चारों तरफ से एक चक्कर घुमाएँ।

अंत में, पतली रस्सी के सिरे को स्वयं उसके अपने ही घेरे के नीचे (लेकिन मोटी रस्सी के लूप के ऊपर) दबाते हुए फंसा दें और खींचकर कस लें।

बोलाइन / जीवन रक्षक गाँठ (Bowline) : इसे 'गाँठों का राजा' भी कहा जाता है। इस गाँठ की विशेषता यह है कि रस्सी पर कितना भी खिंचाव या वजन पड़े, इसका घेरा (Loop) छोटा या बड़ा नहीं होता और न ही यह फिसलती है। आपातकाल में कुएं या खाई से किसी व्यक्ति को सुरक्षित बाहर निकालने के लिए इसे कमर में बांधा जाता है।

बांधने की विधि :

- मुख्य रस्सी पर अपने हाथ से एक छोटा सा गोल घेरा (Overhand Loop) बनाएँ, जिसे हम 'खरगोश का बिल' कहेंगे।
- रस्सी के क्रियाशील सिरे (Working End) को, जिसे हम 'खरगोश' कहेंगे, नीचे से इस बिल के अंदर निकालें।
- अब यह 'खरगोश' (सिरा) खड़ी हुई मुख्य रस्सी (पेड़) के पीछे से घूमकर चक्कर लगाएगा।
- चक्कर लगाने के बाद 'खरगोश' वापस उसी बिल (घेरे) के अंदर ऊपर से नीचे घुस जाएगा।
- अब सिरे को पकड़कर और मुख्य रस्सी को ऊपर खींचकर गाँठ को कस लें।

फिशरमैन नॉट / मल्लाह गाँठ (Fisherman's Knot) : यह गाँठ दो बहुत पतली, चिकनी या गीली रस्सियों (जैसे मछली पकड़ने वाली नायलॉन की डोरी) को जोड़ने के लिए सबसे उपयुक्त है। इसमें दोनों रस्सियों के सिरों पर साधारण गाँठें लगाकर उन्हें आपस में खींचकर लॉक कर दिया जाता है।

बांधने की विधि :

- दोनों रस्सियों के सिरों को एक-दूसरे के समानांतर और विपरीत दिशा में रखें।
- पहली रस्सी के सिरे को लें और उसे दूसरी रस्सी के मुख्य भाग के चारों ओर घुमाकर एक साधारण गाँठ (Overhand Knot) बाँध दें।
- अब दूसरी रस्सी के सिरे को लें और उसे पहली रस्सी के मुख्य भाग के चारों ओर घुमाकर एक और साधारण गाँठ बाँध दें।
- जब दोनों रस्सियों के मुख्य भागों को विपरीत दिशा में खींचा जाएगा, तो ये दोनों साधारण गाँठें आपस में आकर एक-दूसरे से टकराएँगी और कसकर लॉक हो जाएँगी।

शीप शैंक / रस्सी छोटी करने की गाँठ (Sheep Shank) : यदि कोई रस्सी बहुत लंबी है और हमें उसे बिना काटे छोटा करना है, या फिर रस्सी का कोई हिस्सा कमजोर/घिस गया है और हम उस पर बिना वजन डाले उसे सुरक्षित रखना चाहते हैं, तब शीप शैंक का उपयोग किया जाता है।

बांधने की विधि :

- रस्सी को तीन परतों में अंग्रेजी के 'S' या 'Z' आकार में मोड़ लें (यदि कोई हिस्सा कमजोर है, तो उसे बीच वाली परत में रखें)।
- अब आपके पास रस्सी के दोनों किनारों पर दो मुड़े हुए हिस्से (Bights) बन गए हैं।
- मुख्य रस्सी के दाहिने हिस्से पर एक छोटा सा लूप (Half-Hitch) बनाएँ और उसे दाहिने मुड़े हुए हिस्से के ऊपर पहना दें।
- इसी प्रकार, मुख्य रस्सी के बाएँ हिस्से पर भी एक लूप बनाकर उसे बाएँ मुड़े हुए हिस्से के ऊपर पहना दें।
- दोनों तरफ से मुख्य रस्सी को खींचने पर यह गाँठ कस जाएगी।

2. फांसें (Hitches) - खंभों और खूटियों पर पकड़

फांस (Hitch) का उपयोग तब किया जाता है जब किसी रस्सी को किसी अन्य वस्तु (जैसे पेड़ की टहनी, खंभा, रिंग या खूंटे) के साथ अस्थायी या स्थायी रूप से बांधना हो।**क्लोव हिच / खूंटा फांस (Clove Hitch)** : यह किसी भी पायनियरिंग कार्य या बंधन (Lashing) को शुरू करने और समाप्त करने के लिए सबसे महत्वपूर्ण फांस है। यह खंभे या लट्ठे पर रस्सी को मजबूती से स्थिर रखती है।

बांधने की विधि :

- रस्सी के सिरे को खंभे या डंडे के चारों ओर घुमाकर एक चक्कर पूरा करें, जिससे रस्सी डंडे पर क्रॉस (X) बनाती हुई दिखे।
- सिरे को दोबारा डंडे के चारों ओर घुमाकर एक और चक्कर लाएँ।
- अब इस सिरे को दूसरे चक्कर के नीचे से और जो क्रॉस (X) बना था, उसके बीच से बाहर निकाल लें।
- रस्सी के दोनों तरफ के हिस्सों को खींचें; डंडे पर दो समानांतर रस्सियाँ दिखेंगी जिनके बीच से एक रस्सी तिरछी निकली होगी।

टॉट-लाइन हिच / तंबू फांस (Taut-Line Hitch) : यह एक बेहद जादुई फांस है। तंबू (Tent) की रस्सियों को खूंटियों से बांधने के लिए इसका उपयोग होता है। इसकी खासियत यह है कि आप बिना गाँठ खोले सिर्फ इसे ऊपर-नीचे खिसकाकर रस्सी के तनाव (Tension) को ढीला या कड़ा कर सकते हैं।

बांधने की विधि :

- रस्सी के सिरे को तंबू की खूंटी या रिंग के अंदर से निकालें और वापस मुख्य रस्सी की तरफ लाएँ।
- मुख्य रस्सी के अंदर की तरफ (खूंटी की ओर) सिरे से दो बार लपेटें (Two Inside Turns)।
- अब सिरे को इन लपेटों से थोड़ा पीछे (तंबू की ओर) ले जाएँ और मुख्य रस्सी पर बाहर की तरफ से एक अंतिम आधा फेरा (Half-Hitch) लगाएँ।
- इस फांस को हाथ से पकड़कर मुख्य रस्सी पर ऊपर-नीचे खिसकाकर रस्सी का कड़ापन नियंत्रित किया जा सकता है।

राउंड टर्न एंड टू हाफ हिचेस (Round Turn and Two Half Hitches) : किसी जानवर को खूंटे से बांधने या भारी नाव को नदी के किनारे लट्ठे से सुरक्षित बांधने के लिए इसका उपयोग किया जाता है। यह अत्यधिक खिंचाव को भी आसानी से सह लेती है और कभी जाम नहीं होती।

टिम्बर हिच / लट्ठा फांस (Timber Hitch) : भारी और बड़े लकड़ी के लट्ठों को खींचने या उठाने के लिए इस फांस का उपयोग किया जाता है। रस्सी पर जितना अधिक खिंचाव आता है, यह लट्ठे को उतनी ही मजबूती से जकड़ लेती है।

बांधने की विधि :

- रस्सी के सिरे को भारी लट्ठे के नीचे से घुमाकर ऊपर लाएँ और मुख्य रस्सी के चारों ओर एक चक्कर दें।
- अब सिरे को मुख्य रस्सी की तरफ न ले जाकर, जो घेरा लट्ठे के चारों ओर बना है, उसी के अंदर अपने ही ऊपर कम से कम तीन या चार बार लपेटें (Twist)।
- जब मुख्य रस्सी को खींचा जाएगा, तो ये लपेटे लकड़ी की सतह पर खिंचाव के कारण कसकर चिपक जाएँगे और रस्सी फिसलेगी नहीं।

3. बंधन (Lashings) - संरचनाओं का निर्माण

जब हमें दो या दो से अधिक लकड़ी के डंडों या लट्ठों को रस्सियों की मदद से आपस में मजबूती से जोड़कर कोई ढांचा (जैसे पुल, मचान, फ्लैग पोल या गैजेट) बनाना हो, तो उसे 'बंधन' या लैशिंग कहते हैं।

स्क्वायर लैशिंग / वर्गाकार बंधन (Square Lashing) : जब दो लट्ठे एक-दूसरे को 90 डिग्री (या समकोण) पर काटते हैं, तब उन्हें जोड़ने के लिए इसका उपयोग किया जाता है। इसकी शुरुआत हमेशा 'क्लोव हिच' से होती है, जिसके बाद डंडों के चारों ओर रस्सियों के फेरे (Wrapping) दिए जाते हैं और अंत में उन्हें 'फ्रैपिंग' (Frapping) के जरिए कसकर क्लोव हिच से ही समाप्त किया जाता है।

- शुरुआत : नीचे वाले सीधे (खड़े) डंडे पर horizontal डंडे के ठीक नीचे एक 'क्लोव हिच' (खूंटा फांस) लगाकर रस्सी को स्थिर करें।
- फेरे (Wrapping) : रस्सी को ऊपर वाले आड़े डंडे के सामने से ऊपर ले जाएँ, फिर नीचे वाले डंडे के पीछे से घुमाते हुए आड़े डंडे के दूसरी तरफ लाएँ। इस प्रकार डंडों के चारों ओर 3 से 4 वर्गाकार फेरे दें। ध्यान रहे—बाहर जाते समय रस्सी डंडे के बाहर की ओर और वापस आते समय अंदर की ओर होनी चाहिए।
- कसाव (Frapping) : अब फेरों को आपस में कसने के लिए रस्सी को दोनों डंडों के बीच के खाली स्थान में (रस्सी के ऊपर से) 2 से 3 बार पूरी ताकत से लपेटें। इसे 'फ्रैपिंग' कहते हैं, यह बंधन को ढीला होने से रोकता है।
- अंत : अंत में रस्सी को आड़े डंडे पर एक मजबूत 'क्लोव हिच' लगाकर समाप्त करें और बची हुई रस्सी को सुरक्षित कर दें।

डायगोनल लैशिंग / तिरछा बंधन (Diagonal Lashing) : जब दो लट्ठे एक-दूसरे को तिरछे (क्रॉस या X के आकार में) काटते हैं और उनके बीच आपस में दूरी होने के कारण उन्हें खींचकर बांधना पड़ता है, तब डायगोनल लैशिंग का उपयोग होता है। इसकी शुरुआत 'टिम्बर हिच' (Timber Hitch) से होती है।

- शुरुआत : जहाँ दोनों डंडे एक-दूसरे को काट रहे हैं, उस ठीक बीच के जोड़ पर एक मजबूत 'टिम्बर हिच' (Timber Hitch) लगाकर शुरुआत करें।

- फेरे (Wrapping) : पहले डंडों के एक जोड़े के कोणों के आर-पार (Fork के बीच) 3 से 4 बार रस्सी को तिरछा लपेटें। इसके बाद, दिशा बदलकर दूसरे विपरीत कोणों के आर-पार भी 3 से 4 बार तिरछे फेरे दें, जिससे जोड़ पर एक मजबूत 'X' का आकार बन जाए।
- कसाव (Frapping) : दोनों डंडों के बीच में रस्सी को 2 या 3 बार घुमाकर फ्रैपिंग (Frapping) करें ताकि दोनों तिरछे लट्ठे आपस में पूरी तरह भींच जाएँ।
- अंत : किसी भी सुविधाजनक डंडे पर 'क्लोव हिच' लगाकर इस बंधन को समाप्त करें।

शीयर लैशिंग / कैंची बंधन (Sheer Lashing - Mark I & Mark II) : जब दो लट्ठों को समानांतर जोड़कर उनकी लंबाई बढ़ानी हो, या फिर फ्लैग पोल या पुल के लिए 'A' आकार का स्टैंड (Sheer Legs) बनाना हो, तब शीयर लैशिंग का उपयोग किया जाता है।

- शुरुआत : दोनों लट्ठों को एक-दूसरे के समानांतर जमीन पर रखें। किसी एक लट्ठे पर 'क्लोव हिच' लगाकर शुरुआत करें।
- फेरे (Wrapping) : अब दोनों लट्ठों को एक साथ लेते हुए उनके चारों ओर 6 से 8 बार थोड़े ढीले फेरे (Loose Wrappings) लपेटें। (ध्यान रहे, बहुत ज्यादा टाइट फेरे नहीं देने हैं, अन्यथा बाद में लकड़ी घूमने में बाधा होगी)।
- कसाव (Frapping) : अब रस्सी को दोनों लट्ठों के बीच के गैप में ले जाएँ और फेरों के ऊपर से 2 से 3 बार कसकर फ्रैपिंग करें।
- अंत : दूसरे वाले लट्ठे पर 'क्लोव हिच' लगाकर बंधन को पूरा करें। (यदि 'A' स्टैंड बनाना हो, तो दोनों डंडों के निचले सिरों को विपरीत दिशा में फैला दें, जिससे जोड़ स्वतः कैंची की तरह कस जाएगा)।

जीवन का दर्शन: गाँठ से गंतव्य तक

मेरे युवा स्काउट्स और गाइड्स, जैसा कि मैंने पुस्तक की शुरुआत में कहा था—गाँठ सिर्फ रस्सी को जोड़ने का माध्यम नहीं है, यह हमारे जीवन की उलझनों का प्रतीक है।

जब जीवन में जिम्मेदारियों, कठिन परिस्थितियों या रिश्तों की उलझनें सामने आएं, तो घबराकर रस्सी को खींचना नहीं चाहिए (क्योंकि अधूरी जानकारी से खींची गई गाँठ हमेशा 'फांस' बनकर और उलझ जाती है)। हमें स्काउटिंग के इस विज्ञान से सीखना चाहिए कि धैर्य, सही तकनीक और शांत दिमाग से जीवन की कठिन से कठिन गाँठ को भी कुशलता से सुलझाया जा सकता है और एक मजबूत चरित्र का निर्माण कर गंतव्य तक पहुँचा जा सकता है।

व्यावहारिक अभ्यास के लिए प्रश्न:

1. प्राथमिक चिकित्सा के दौरान रीफ नॉट का ही उपयोग क्यों किया जाता है?
2. क्लोव हिच और टिम्बर हिच के व्यावहारिक उपयोगों में क्या अंतर है?
3. समान और असमान मोटाई की रस्सियों को जोड़ने के लिए किन-किन गाँठों का चयन करेंगे?

11

प्राथमिक चिकित्सा : जीवन रक्षा का प्रथम सोपान

स्काउटिंग और गाइडिंग का मुख्य ध्येय वाक्य है—"तैयार रहो" (Be Prepared)। जीवन में आपातकालीन परिस्थितियाँ, दुर्घटनाएँ या बीमारियाँ कभी बताकर नहीं आतीं। ऐसे में **दुर्घटनास्थल पर डॉक्टर के आने से पहले या मरीज को अस्पताल पहुँचाने से पहले, जो त्वरित और सीमित उपचार दिया जाता है, उसे प्राथमिक चिकित्सा (First Aid) कहते हैं।**

एक स्काउट या गाइड होने के नाते, आपके भीतर वह साहस, सूझबूझ और कौशल होना चाहिए कि आप घबराने के बजाय पीड़ित व्यक्ति के लिए जीवन रक्षक देवदूत बन सकें। इस अध्याय में हम प्राथमिक चिकित्सा के विज्ञान, इसके नियमों और विभिन्न परिस्थितियों में इसके व्यावहारिक उपयोग को विस्तार से समझेंगे।

1. प्राथमिक चिकित्सा के तीन मुख्य उद्देश्य (The 3 Ps)

प्राथमिक चिकित्सा का पूरा विज्ञान मुख्य रूप से तीन मूलभूत उद्देश्यों पर टिका हुआ है, जिन्हें हम "3 Ps" कहते हैं :

- **जीवन की रक्षा करना (Preserve Life) :** पीड़ित व्यक्ति को मृत्यु के मुंह से बचाना सबसे पहला और सर्वोच्च लक्ष्य है।
- **स्थिति को बिगड़ने से रोकना (Prevent Worsening) :** घायल व्यक्ति की स्थिति और अधिक खराब न हो (जैसे अधिक खून बहना, संक्रमण फैलना या बेहोशी गहराना), इसे नियंत्रित करना।
- **संवर्धन या सुधार को बढ़ावा देना (Promote Recovery) :** मरीज को सांत्वना देकर, सही स्थिति में लिटाकर और प्राथमिक उपचार देकर उसकी रिकवरी की प्रक्रिया को शुरू करना।

2. प्राथमिक चिकित्सक के गुण

हर व्यक्ति प्राथमिक चिकित्सक नहीं बन सकता जब तक कि उसमें एक स्काउट जैसी मानसिक दृढ़ता न हो। एक अच्छे प्राथमिक चिकित्सक में निम्नलिखित गुण होने अनिवार्य हैं :

- शीघ्रता और शांति : बिना समय गँवाए फुर्ती से काम लें, लेकिन खुद शांत रहें ताकि माहौल में घबराहट न फैले।
- सजग और स्पष्टवादी : दुर्घटना के कारणों का तुरंत अवलोकन करें और एम्बुलेंस या डॉक्टर को सटीक जानकारी दें।
- साहसी और सहानुभूतिपूर्ण : पीड़ित का ढाढस बंधाएँ और भीड़ को दूर रखें।

प्राथमिक चिकित्सा के स्वर्णिम नियम (Golden Rules):

सबसे पहले घटना स्थल की सुरक्षा सुनिश्चित करें ताकि आप खुद दुर्घटना का शिकार न बनें।

ABC नियम का पालन करें:

- A (Airway - श्वसन मार्ग) : जाँचें कि मरीज की सांस की नली साफ है या नहीं।
- B (Breathing - श्वास) : देखें कि मरीज सांस ले रहा है या नहीं।
- C (Circulation - रक्त संचार) : नब्ज (Pulse) टटोलकर देखें कि दिल धड़क रहा है या नहीं।
- यदि बहुत अधिक खून बह रहा हो, तो सबसे पहले रक्तस्राव को रोकना आपकी प्राथमिकता होनी चाहिए।

3. विभिन्न आकस्मिक परिस्थितियों में प्राथमिक उपचार की विधियाँ

क) गंभीर रक्तस्राव (Severe Bleeding) : यदि दुर्घटना में किसी अंग से तेजी से खून बह रहा हो, तो शरीर में रक्त की कमी से मरीज की जान जा सकती है।

उपचार विधि :

1. घायल हिस्से को यदि संभव हो, तो दिल के स्तर से ऊपर (Elevate) उठाएँ।
2. घाव पर एक साफ कपड़े या पट्टी से सीधा दबाव (Direct Pressure) डालें।
3. यदि खून पट्टी से बाहर आ जाए, तो पहली पट्टी को हटाए बिना उसके ऊपर दूसरी पट्टी बाँधें।
4. पिछले अध्याय में सीखी गई रीफ नॉट (Reef Knot) का उपयोग करके पट्टी को कसकर बाँधें ताकि दबाव बना रहे।

ख) अस्थि-भंग या फ्रैक्चर (Fractures) : हड्डी का टूटना या उसमें दरार आना फ्रैक्चर कहलाता है। इसमें अत्यधिक दर्द और सूजन होती है।

उपचार विधि :

- टूटे हुए हिस्से को बिल्कुल भी हिलने-डुलने न दें।
- यदि पैर या हाथ की हड्डी टूटी है, तो लकड़ी की पट्टियों (Splints) या अखबार के मोटे रोल को डंडे की तरह इस्तेमाल कर टूटे अंग को सहारा दें।
- डंडों को बांधने के लिए स्काउट स्कार्फ या त्रिकोणीय पट्टी (Triangular Bandage) का उपयोग करें।
- यदि कॉलर बोन या हाथ में फ्रैक्चर हो, तो हाथ को सहारा देने के लिए स्कार्फ से झोली या स्लिंग (Sling) बनाएँ।

ग) जलना और झुलसना (Burns and Scalds) : सूखी आग या गर्म वस्तु से जलना 'बर्न' और भाप या गर्म तरल (पानी, चाय) से जलना 'स्काल्ड' कहलाता है।

उपचार विधि :

- जले हुए हिस्से पर तुरंत कम से कम 10 से 15 मिनट तक ठंडा पानी डालें (बर्फ का इस्तेमाल न करें)।
- यदि कपड़े जलकर त्वचा से चिपक गए हों, तो उन्हें जबरदस्ती न खींचें।
- जले हुए छालों (Blisters) को कभी भी सुई से न फोड़ें, इससे संक्रमण का खतरा बढ़ता है।
- साफ और ढीली सूती पट्टी से घाव को ढक दें।

घ) सर्प दंश (Snake Bite) : भारत के ग्रामीण इलाकों या स्काउट कैंपों में सांप का काटना एक गंभीर चुनौती हो सकता है।

उपचार विधि :

- सबसे पहले मरीज को शांत रखें और हिलने-डुलने न दें, क्योंकि घबराहट से दिल की धड़कन बढ़ती है और जहर तेजी से फैलता है।
- दंश वाले स्थान को साबुन और पानी से साफ करें।
- काटे गए अंग को हमेशा दिल के स्तर से नीचे रखें।
- घाव से थोड़ा ऊपर एक चौड़ी पट्टी (Tourniquet) इस तरह बाँधें कि वह बहुत ज्यादा टाइट न हो (उसमें से एक उंगली आसानी से जा सके)।
- घाव पर चीरा लगाना या मुंह से जहर चूसना जैसी फिल्मी तकनीकों का उपयोग बिल्कुल न करें। तुरंत एंटी-वेनम (Anti-venom) के लिए अस्पताल ले जाएं।

ङ) लू लगना या हीट स्ट्रोक (Heat Stroke) : गर्मियों के कैंपों के दौरान तेज धूप और पानी की कमी से यह समस्या होती है।

उपचार विधि :

- मरीज को तुरंत छांवदार या ठंडे स्थान पर ले जाएं।
- उसके तंग कपड़ों को ढीला करें और शरीर पर ठंडे पानी की पट्टियाँ रखें।
- यदि मरीज होश में हो, तो उसे ओआरएस (ORS) का घोल, नींबू पानी या इलेक्ट्रोलाइट्स युक्त पानी धीरे-धीरे पिलाएं।

4. प्राथमिक चिकित्सा किट (First Aid Box) की अनिवार्यता

प्रत्येक टोली (Patrol) और स्काउट-गाइड कंपनी के पास अपनी एक सुसज्जित प्राथमिक चिकित्सा किट होनी चाहिए। इस किट में निम्नलिखित वस्तुएँ अनिवार्य रूप से होनी चाहिए :

- विभिन्न आकारों की स्टेरलाइज्ड पट्टियाँ (Bandages) और कपास (Cotton रोल)
- चिपकने वाली टेप (Adhesive Tape) और बैंड-एड
- त्रिकोणीय पट्टियाँ (Triangular Bandages) - स्लिंग बनाने के लिए
- डेटॉल या सैवलॉन (Antiseptic Liquid) और बीटाडिन ऑइंटमेंट
- कैंची, चिमटी (Tweezers) और सेफ्टी पिन्स
- ओआरएस (ORS) के पैकेट और दर्द निवारक दवाएं (पैरासिटामोल आदि)

जीवन का दर्शन: सेवा परमो धर्मः

मेरे प्यारे विद्यार्थियों, प्राथमिक चिकित्सा केवल एक तकनीकी हुनर नहीं है, यह 'करुणा और मानवता' का सबसे व्यावहारिक रूप है। जब आप किसी तड़पते हुए व्यक्ति को प्राथमिक उपचार देकर उसकी जान बचाते हैं, तो आप स्काउट-गाइड के उस तीसरे नियम को सच कर रहे होते हैं—"स्काउट/गाइड सबका मित्र और प्रतिज्ञा के अनुसार सेवाभावी होता है।" रस्सी की गाँठें खोलना आसान है, लेकिन एक बिखरते हुए जीवन को अपनी सूझबूझ से थाम लेना ही एक सच्चे स्काउट और गाइड की असली परीक्षा है।

स्व-मूल्यांकन एवं अभ्यास (Exercise):

1. प्राथमिक चिकित्सा से आप क्या समझते हैं? इसके '3 Ps' उद्देश्यों को स्पष्ट कीजिए।
2. प्राथमिक चिकित्सा के दौरान 'ABC' नियम का क्या महत्व है? विस्तार से लिखिए।
3. यदि आपके कैंप में किसी साथी को सांप काट ले, तो आप एक गाइड/स्काउट के रूप में क्या कदम उठाएंगे?
4. प्राथमिक चिकित्सा किट में कौन-कौन सी सामग्रियां होनी चाहिए? सूची बनाइए।

12

सिग्नलिंग (संकेत कला) : संवाद का अदृश्य विज्ञान

स्काउटिंग और गाइडिंग की दुनिया साहसिक यात्राओं, घने जंगलों, दुर्गम पहाड़ों और कैंपों से भरी होती है। कई बार ऐसी परिस्थितियाँ उत्पन्न हो जाती हैं जहाँ आधुनिक मोबाइल नेटवर्क काम नहीं करते, या जहाँ अत्यधिक दूरी या शोर के कारण आवाज़ देना असंभव होता है। ऐसे कठिन समय में एक स्काउट या गाइड का सबसे बड़ा हथियार बनती है—सिग्नलिंग (संकेत कला)।

सिग्नलिंग दूर बैठे अपने साथी या रेस्क्यू टीम तक बिना बोले, अत्यंत सटीकता से अपना संदेश पहुँचाने या उनका संदेश प्राप्त करने की एक वैज्ञानिक कला है। लॉर्ड बेडेन पॉवेल ने इस कौशल को स्काउट-गाइड के लिए अनिवार्य माना था क्योंकि यह न केवल संकट काल में जीवन रक्षक साबित होती है, बल्कि बालिकाओं और बालकों में मानसिक एकाग्रता, त्वरित निर्णय लेने की क्षमता और टीम वर्क का विकास करती है।

इस अध्याय में हम सिग्नलिंग के दो सबसे महत्वपूर्ण और वैश्विक स्तंभों का अध्ययन करेंगे: मोर्स कोड (Morse Code) और सेमाफोर (Semaphore)।

1. मोर्स कोड (Morse Code) : ध्वनियों और प्रकाश का जादू

मोर्स कोड का आविष्कार सैमुअल मोर्स ने किया था। यह एक ऐसी सार्वभौमिक भाषा है जिसे आवाज़ (सीटी द्वारा), प्रकाश (टॉर्च या आईने की चमक द्वारा) या झंडे को हिलाकर भेजा जा सकता है।

क) मूल सिद्धांत : डॉट और डैश (Dots and Dashes)

मोर्स कोड पूरी तरह से दो संकेतों पर आधारित होता है:

डॉट (Dot / •): इसे 'डिट' (Dit) कहा जाता है। यह एक अत्यंत संक्षिप्त या छोटी ध्वनि/प्रकाश की चमक होती है (लगभग 1 सेकंड)।

डैश (Dash / —): इसे 'दाह' (Dah) कहा जाता है। यह लंबी ध्वनि या प्रकाश की चमक होती है, जिसकी समयावधि एक डॉट से तीन गुना लंबी होती है (लगभग 3 सेकंड)।

ख) अंग्रेजी वर्णमाला के लिए मोर्स कोड चार्ट

याद रखने की सुविधा के लिए मोर्स कोड को छोटे समूहों में विभाजित करके समझा जाता है:

अक्षर	कोड (सेंकेत)	अक्षर	कोड (संकेत)
A	• – (डिट-दाह)	J	• — — —
B	— • • • (दाह-डिट-डिट-डिट)	K	— • —
C	— • — •	L	• — • •
D	— • •	M	— —
E	• (केवल एक डॉट)	N	— •
F	• • — •	O	— — —
G	— — •	P	• — — •
H	• • • •	Q	— — • —
I	• •	R	• — •

Morse Code

ग) सीटी (Whistle) द्वारा मोर्स कोड भेजने के नियम:

- दो अक्षरों के बीच का समय : एक अक्षर पूरा होने के बाद अगले अक्षर को शुरू करने से पहले 3 सेकंड (एक डैश के बराबर) का मौन या विराम होनां चाहिए।
- दो शब्दों के बीच का समय : एक पूरा शब्द समाप्त होने पर अगले शब्द के बीच लगभग 5 से 7 सेकंड का विराम होना चाहिए ताकि रिसीवर आसानी से समझ सके कि नया शब्द शुरू हो गया है।

2. सेमाफोर सिग्नलिंग (Semaphore Signalling) : झंडों की जुबां

सेमाफोर सिग्नलिंग केवल दिन के समय और आमने-सामने दिखने वाली दूरी (Visual Distance) पर की जाती है। इसमें एक स्काउट या गाइड अपने दोनों हाथों में दो चौकोर झंडे लेकर, उन्हें अलग-अलग कोणों (Angles) पर घुमाकर अंग्रेजी के अक्षर प्रदर्शित करता है।

क) सेमाफोर के झंडे और पोजीशन

झंडे का आकार: यह झंडा सामान्यतः दो रंगों का होता है—लाल और पीला (तिरछे कटे हुए दो त्रिकोण)। इसका आकार 45 सेमी × 45 सेमी होता है, जो 60 सेमी लंबे डंडे पर लगा होता है।

मूल स्थिति (Station / Ready Position): सिग्नलर सीधे तनकर खड़ा होता है, और दोनों झंडे उसके पैरों के सामने क्रॉस (X) की स्थिति में नीचे झुके होते हैं। इसे 'विश्राम या रेडी पोजीशन' कहते हैं।

ख) घड़ी की सुइयों का नियम (The Clock Method)

सेमाफोर को रटने के बजाय यदि हम अपनी स्थिति को एक घड़ी के डायल की तरह समझें, जहाँ हमारा सिर 12 बजे, दायाँ हाथ 3 बजे, पैर 6 बजे और बायाँ हाथ 9 बजे को दर्शाता है, तो इसे सीखना बेहद आसान हो जाता है।

सेमाफोर अक्षरों को 7 सर्किलों (Circles) में बांटा गया है :

सर्किल 1 (अक्षर A से G) : इसमें एक झंडा हमेशा नीचे 6 बजे की स्थिति पर स्थिर रहता है, और दूसरा झंडा घड़ी की सुई की तरह घूमता है:

A: 5 बजे | B: 4 बजे | C: 3 बजे | D: 2 बजे | E: 1 बजे | F: 11 बजे | G: 10 बजे।

सर्किल 2 (अक्षर H से N - J को छोड़कर) : इसमें एक झंडा हमेशा 5 बजे की स्थिति पर लॉक रहता है, और दूसरा घूमता है:

H: 4 बजे | I: 3 बजे | K: 2 बजे | L: 1 बजे | M: 11 बजे | N: 10 बजे।

सर्किल 3 (अक्षर O से S) : इसमें एक झंडा हमेशा 4 बजे की स्थिति पर स्थिर रहता है:

O: 3 बजे | P: 2 बजे | Q: 1 बजे | R: 11 बजे | S: 10 बजे।

(इसी वैज्ञानिक क्रम में पूरे Z तक के कोण निर्धारित किए जाते हैं, जिसे अभ्यास वर्ग में प्रशिक्षक स्वयं खड़े होकर प्रदर्शित करते हैं।)

3. सिग्नलिंग के व्यावहारिक और आपातकालीन नियम

चाहे आप मोर्स कोड का उपयोग कर रहे हों या सेमाफोर का, संदेश भेजने (Sending) और प्राप्त करने (Receiving) की एक कठोर सैन्य आचार संहिता होती है:

कॉलिंग सिग्नल (Calling Sign): संदेश शुरू करने से पहले रिसीवर का ध्यान खींचने के लिए मोर्स में लगातार 'AAAA' (•— •— •—) या सेमाफोर में झंडों को ऊपर-नीचे हिलाकर 'J' सिग्नल दिया जाता है। जब तक सामने वाला साथी जवाब न दे, संदेश शुरू नहीं किया जाता।

स्वीकृति सिग्नल (General Answer) : सामने वाला सिग्नलर यदि संदेश प्राप्त करने के लिए तैयार है, तो वह मोर्स में 'K' (—•—) यानी 'Carry On' का सिग्नल देता है।

त्रुटि सिग्नल (Erase / Erratum) : यदि संदेश भेजते समय आपसे कोई अक्षर गलत हो जाए, तो घबराएं नहीं। मोर्स में लगातार 8 डॉट (••••••••) या सेमाफोर में 'E' सिग्नल को बार-बार हिलाएं। इसका अर्थ होता है—"पिछला शब्द निरस्त करें, मैं उसे दोबारा भेज रहा हूँ।"

अंत सिग्नल (End of Message) : संदेश पूरी तरह समाप्त होने पर मोर्स में 'AR' (•—•—•) का सिग्नल दिया जाता है, जिसका अर्थ है कि संदेश पूर्ण हो चुका है।

आपातकालीन वैश्विक सिग्नल: S.O.S.

जब कोई टोली या कैंपर किसी भयंकर संकट में फंस जाता है, तो अंतर्राष्ट्रीय नियमानुसार S.O.S. (Save Our Souls) का संदेश भेजा जाता है। मोर्स कोड में इसकी ध्वनि बेहद विशिष्ट होती है:

• • • (3 छोटे डॉट) — — — (3 लंबे डैश) • • • (3 छोटे डॉट)

यह संकट का वह अदृश्य नारा है जिसे सुनते ही दुनिया की कोई भी रेस्क्यू टीम तुरंत आपकी मदद के लिए दौड़ पड़ती है।

जीवन का दर्शन: संकेत से समझ तक

मेरे प्रिय स्काउट्स और गाइड्स, यह सिग्नलिंग केवल झंडे हिलाने या सीटी बजाने की कला नहीं है, यह 'मौन संवाद की शक्ति' है।

हमारा जीवन भी कई बार ऐसी परिस्थितियों से गुजरता है जहाँ शब्द कम पड़ जाते हैं, जहाँ हमारी वाणी दूसरों तक नहीं पहुँच पाती। एक कुशल स्काउट या गाइड वह है जो सामने वाले के चेहरे के हाव-भाव, उसकी आँखों की शांति या बेचैनी को देखकर ही उसके मन के संकट को 'डॉट और डैश' की तरह पढ़ ले।

13

दिशा और दूरी : मैपिंग, कंपास और दिशा-ज्ञान का विज्ञान

एक अज्ञात जंगल, धुंध से ढकी पहाड़ियाँ, या एक ऐसा अनजान रास्ता जहाँ दूर-दूर तक कोई मानवीय सभ्यता न हो—ऐसी परिस्थितियों में साधारण लोग घबराकर रास्ता भटक जाते हैं। लेकिन एक स्काउट या गाइड कभी रास्ता नहीं भटकता। ऐसा इसलिए नहीं है कि उनके पास हमेशा आधुनिक तकनीक या जीपीएस (GPS) होता है, बल्कि इसलिए है क्योंकि उनके पास होता है—दिशाओं का अचूक ज्ञान और अनुमान लगाने की अद्भुत कला।

लॉर्ड बेडेन पॉवेल ने कहा था कि एक कुशल खोजी (Scout) वह है जो घने अंधेरे में भी प्रकृति के गुप्त संकेतों को पढ़कर अपनी मंजिल का रास्ता खोज निकाले। दिशाओं का सही ज्ञान (Direction Sense) और दूरी या ऊंचाई का सटीक अनुमान (Estimation) लगाना स्काउटिंग-गाइडिंग का एक ऐसा अनिवार्य स्तंभ है, जो कठिन परिस्थितियों में जीवन रक्षक साबित होता है। आइए, इस खोजी विज्ञान को विस्तार से समझें।

1. दिशाओं का मौलिक ज्ञान (Understanding Directions)

मानचित्र (Map) और कंपास को समझने से पहले हमें दिशाओं के मूल ढांचे को समझना होगा। मुख्य रूप से चार दिशाएँ होती हैं, जिन्हें प्रधान दिशाएँ (Cardinal Points) कहा जाता है:

उत्तर (North - N) दक्षिण (South - S) पूर्व (East - E) पश्चिम (West - W)

इन चार मुख्य दिशाओं के ठीक बीच में चार उप-दिशाएँ (Intermediate Points) होती हैं, जो सटीकता को और बढ़ा देती हैं:

उत्तर-पूर्व (North-East - NE) : उत्तर और पूर्व के बीच (ईशान कोण)।

दक्षिण-पूर्व (South-East - SE) : दक्षिण और पूर्व के बीच (आग्नेय कोण)।

दक्षिण-पश्चिम (South-West - SW) : दक्षिण और पश्चिम के बीच (नैरृत्य कोण)।

उत्तर-पश्चिम (North-West - NW) : उत्तर और पश्चिम के बीच (वायव्य कोण)।

स्काउटिंग में कुल 16 दिशा बिंदुओं (16 Points of Compass) का ज्ञान दिया जाता है, जिससे दिशा का सूक्ष्म से सूक्ष्म अंतर भी पकड़ा जा सके।

2. प्रिज्मैटिक कंपास (Prismatic Compass) का विज्ञान

दिशा खोजने का सबसे प्रामाणिक वैज्ञानिक उपकरण 'प्रिज्मैटिक कंपास' है। यह चुंबकीय सुई के सिद्धांत पर काम करता है, जो सदैव पृथ्वी के चुंबकीय उत्तर (Magnetic North) की ओर इशारा करती है।

क) कंपास के मुख्य भाग:

कार्ड (Dial) : इस पर 0 से 360 डिग्री (Degrees) के कोण अंकित होते हैं। उत्तर को 0 डिग्री या 360 डिग्री, पूर्व को 90 डिग्री, दक्षिण को 180 डिग्री और पश्चिम को 270 डिग्री द्वारा दर्शाया जाता है।

चुंबकीय सुई (Magnetic Needle) : जो हमेशा उत्तर दिशा में ठहरती है।

हेयर लाइन (Hair Line) : लक्ष्य (Object) को सीध में देखने के लिए कांच पर बनी पतली रेखा।

प्रिज्म (Prism) : जिसके माध्यम से लक्ष्य को देखते समय ही डायल पर अंकित डिग्री (कोण) को पढ़ा जाता है।

ख) बियरिंग (Bearing) लेना :

किसी निश्चित स्थान से लक्ष्य के बीच के उत्तर दिशा से मापे गए क्लॉकवाइज (घड़ी की सुई की दिशा में) कोण को बियरिंग (Bearing) कहते हैं।

फॉरवर्ड बियरिंग (Forward Bearing) : अपने स्थान से लक्ष्य की ओर ली गई बियरिंग।

बैक बियरिंग (Back Bearing) : लक्ष्य से वापस अपने मूल स्थान की बियरिंग। (नियम: यदि फॉरवर्ड बियरिंग 180 डिग्री से कम है, तो उसमें 180 डिग्री जोड़ें; यदि 180 डिग्रीसे अधिक है, तो 180 डिग्री घटाएं)।

3. प्राकृतिक दिशा-ज्ञान (Finding Direction Without Compass)

यदि किसी आपातकाल में आपके पास कंपास न हो, तो प्रकृति स्वयं आपका मार्गदर्शन करती है। दिन और रात के समय दिशा जानने की निम्नलिखित विधियाँ अत्यंत प्रामाणिक हैं:

क) दिन के समय (Day-Time Methods) :

सूर्य विधि (The Sun Method) : सूर्य हमेशा पूर्व से उगता है और पश्चिम में अस्त होता है। सुबह के समय सूर्य की ओर मुंह करके खड़े होने पर आपके सामने पूर्व, पीछे पश्चिम, बाएँ हाथ की तरफ उत्तर और दाएँ हाथ की तरफ दक्षिण दिशा होगी।

घड़ी की सुई और सूर्य विधि : यदि आपके पास सुइयों वाली हाथ की घड़ी है, तो घड़ी को समतल रखें। घंटे वाली सुई (Hour Hand) को सूर्य की दिशा में करें। अब घंटे की सुई और 12 बजे के अंक के ठीक बीच का जो कोण होगा, वह दक्षिण (South) दिशा को दर्शाएगा (उत्तरी गोलार्ध में)।

छाया विधि (Shadow Stick Method) : जमीन पर एक सीधी लकड़ी गाड़ें। उसकी छाया के अंतिम छोर पर एक पत्थर रखें (बिंदु A)। 15-20 मिनट बाद छाया खिसक जाएगी, नए छोर पर दूसरा पत्थर रखें (बिंदु B)। बिंदु A से B को मिलाने वाली रेखा हमेशा पूर्व से पश्चिम की ओर होगी।

ख) रात के समय (Night-Time Methods):

ध्रुव तारा (The Pole Star / Polaris) : उत्तरी गोलार्ध में ध्रुव तारा हमेशा ठीक उत्तर दिशा में चमकता है। इसे खोजने के लिए आसमान में सप्तऋषि तारामंडल (Ursa Major/Great Bear) को खोजें। सप्तऋषि के आगे के दो तारों (Pointer Stars) को आपस में मिलाते हुए एक काल्पनिक सीधी रेखा आगे बढ़ाएं, वह सीधे चमकीले ध्रुव तारे पर जाकर रुकेगी।

चंद्रमा विधि : यदि चंद्रमा आधा या घटते-बढ़ते क्रम में है, तो उसके दोनों कोनों (Horns) को मिलाने वाली एक काल्पनिक रेखा नीचे जमीन की तरफ लाएँ, वह लगभग दक्षिण दिशा को इंगित करेगी।

4. अनुमान लगाने की कला (The Art of Estimation)

एक स्काउट या गाइड के पास पैमाना या फीता नहीं होता, लेकिन उनके पास अभ्यास से विकसित की गई 'अनुमान की दृष्टि' होती है। इसके तहत दो चीजें मुख्य हैं—दूरी का अनुमान और ऊंचाई का अनुमान।

क) दूरी का अनुमान लगाना (Estimating Distance) :

जंगल में मार्च करते समय दूरी का अनुमान लगाने के लिए 'पेसिंग विधि' (Pacing Method) का उपयोग किया जाता है।

आपका व्यक्तिगत पैमाना : सामान्य स्थिति में चलते हुए आपके दो कदमों (एक दायाँ और एक बायाँ कदम मिलाकर एक पेस बनता है) की औसत लंबाई कितनी है, यह आपको पहले से पता होना चाहिए (जैसे 100 मीटर चलने में आपको कितने कदम लगते हैं)।

दृश्यता के नियम (Visibility Clues):

- 50 मीटर की दूरी पर मनुष्य की आँखें स्पष्ट रूप से दिखाई देती हैं।
- 100 मीटर पर शरीर के बटन और हाथ-पैर की हरकत साफ दिखती है।
- 300 मीटर पर व्यक्ति का चेहरा एक बिंदु जैसा दिखता है, लेकिन कपड़ों का रंग पहचान में आता है।
- 500 मीटर पर मनुष्य का शरीर केवल एक ढांचा (Silhouette) जैसा प्रतीत होता है।

ख) ऊंचाई का अनुमान लगाना (Estimating Height):

किसी ऊंचे पेड़, लाइट हाउस या फ्लैग पोल की ऊंचाई मापने के लिए 'नेपोलियन विधि' या 'लॉग विधि' (Log Method) का प्रयोग किया जाता है।

डंडे की विधि (Staff Method) :

1. जिस पेड़ की ऊंचाई मापनी है, उसके आधार से कुछ दूरी पर एक स्काउट डंडा (जिसकी ऊंचाई आपको पता हो) सीधा खड़ा करें।
2. डंडे से इतनी दूर पीछे हटें कि आपकी आँख जमीन के समानांतर डंडे के शीर्ष और पेड़ के शीर्ष को एक सीधी रेखा में देख सके।
3. त्रिभुज के ज्यामितीय नियम (सिमिलर ट्राएंगल्स) का उपयोग करके पेड़ की वास्तविक ऊंचाई का सटीक अनुमान लगाया जाता है।

जीवन का दर्शन: दिशाहीनता से गंतव्य तक

मेरे प्रिय विद्यार्थियों, यह अध्याय केवल आपको भौगोलिक उत्तर या दक्षिण खोजना नहीं सिखाता, यह हमारे जीवन के लिए एक महान सीख है।

अक्सर युवा जीवन के चौराहे पर खड़े होकर 'दिशाहीन' महसूस करते हैं। जब चारों तरफ कठिनाइयों का अंधेरा हो और कोई मार्गदर्शक न दिखे, तो घबराना नहीं चाहिए। जैसे प्रकृति में ध्रुव तारा चुपचाप उत्तर दिशा में चमकता रहता है, वैसे ही आपके भीतर की 'अंतरात्मा और आपके नैतिक मूल्य' (Scout/Guide Law) आपके जीवन के ध्रुव तारे हैं। यदि आप उन आदर्शों पर टिके रहेंगे, तो जीवन के किसी भी घने जंगल में आप कभी दिग्भ्रमित नहीं होंगे और अपनी सही मंजिल यानी गंतव्य को प्राप्त कर लेंगे।

स्व-मूल्यांकन एवं अभ्यास (Exercise):

1. कंपास के प्रमुख भागों का नाम लिखते हुए स्पष्ट कीजिए कि फॉरवर्ड बियरिंग और बैक बियरिंग में क्या अंतर होता है?
2. यदि आप रात में बिना कंपास के किसी घने जंगल में फंस गए हैं, तो ध्रुव तारे की मदद से उत्तर दिशा कैसे ज्ञात करेंगे? सचित्र समझाइए।
3. दिन के समय सूर्य और हाथ की घड़ी की मदद से दक्षिण दिशा ज्ञात करने की विधि का वर्णन कीजिए।
4. ऊंचाई मापने की 'डंडे की विधि' (Staff Method) के वैज्ञानिक सिद्धांत को स्पष्ट कीजिए।
5. यदि किसी लक्ष्य पर आपकी फॉरवर्ड बियरिंग 60° है, तो उसकी बैक बियरिंग कितनी होगी? गणना कीजिए।

14

कैंप क्राफ्ट और पायनियरिंग प्रोजेक्ट्स : आत्मनिर्भरता और सामूहिकता का उत्सव

स्काउटिंग और गाइडिंग की पूरी शिक्षा का वास्तविक परीक्षण तब होता है, जब हम चारदीवारी के आराम को छोड़कर प्रकृति की गोद में अपना तंबू गाड़ते हैं। कैंप क्राफ्ट (शिविर कला) केवल कुछ दिनों के लिए बाहर रहने का नाम नहीं है; यह न्यूनतम संसाधनों में गरिमा और उच्च अनुशासन के साथ जीवन जीने की एक कला है।

जब आप एक अनजान मैदान में पहुँचते हैं, जहाँ न बिजली है, न पक्का रसोईघर और न ही कोई बना-बनाया फर्नीचर, तब आपकी टोली (Patrol) अपनी बुद्धिमत्ता, पिछले अध्यायों में सीखी गई गाँठों, बंधनों (Lashings) और दिशा-ज्ञान का उपयोग करके एक संपूर्ण 'मिनी-टाउन' खड़ा कर देती है। यही पायनियरिंग का असली जादू है। आइए, इस अंतिम और व्यावहारिक अध्याय में कैंप क्राफ्ट के मूल सिद्धांतों को गहराई से समझें।

1. शिविर स्थल का चयन (Selection of Camp Site)

एक सफल कैंप की नींव सही स्थान के चुनाव पर टिकी होती है। शिविर स्थल चुनते समय हमेशा निम्नलिखित 'स्वर्णिम सुरक्षा नियमों' का ध्यान रखना चाहिए:

- समतल और सूखी भूमि : तंबू हमेशा समतल और थोड़ी ऊंचाई वाली सूखी जगह पर लगाना चाहिए, ताकि बारिश होने पर पानी वहां जमा न हो।
- पानी और ईंधन की उपलब्धता : पीने और साफ-सफाई के लिए पानी का स्रोत पास होना चाहिए, लेकिन तंबू नदी के बिल्कुल किनारे या बाढ़ संभावित क्षेत्र में नहीं होना चाहिए।
- खतरे के स्रोतों से दूरी : कभी भी किसी जर्जर इमारत के पास, सीधे बिजली के बड़े खंभों (High Voltage Lines) के नीचे या बहुत पुराने और सूखे पेड़ों के ठीक नीचे तंबू न लगाएं, क्योंकि तेज हवा में टहनियाँ गिरने का डर रहता है।
- हवा की दिशा : तंबू का मुख्य द्वार हमेशा हवा की दिशा के विपरीत या आड़ा होना चाहिए, ताकि तेज आंधी में हवा तंबू के भीतर घुसकर उसे उखाड़ न सके।

2. तंबू लगाना (Tent Pitching) - चरण-दर-चरण विधि

कैंप में सबसे महत्वपूर्ण कार्य अपने रहने के लिए तंबू (Tent) खड़ा करना है। स्काउटिंग में 'इगलू टेंट' या पारंपरिक 'A-शेप वॉल टेंट' का उपयोग किया जाता है।

तंबू लगाने की विधि :

- जमीन की सफाई : सबसे पहले तंबू के आकार की जगह से कंकड़, पत्थर, सूखी टहनियाँ और काँटों को पूरी तरह साफ कर लें।
- ग्राउंड शीट बिछाना : नमी और कीड़े-मकोड़ों से बचने के लिए सबसे नीचे वाटरप्रूफ ग्राउंड शीट बिछाएं।
- पोल खड़े करना : तंबू के मुख्य खंभों (Poles) को जोड़कर उन्हें सीधा खड़ा करें। यहाँ टोली के दो सदस्य पोल संभालते हैं।

- खूंटियाँ गाड़ना (Pegging) : तंबू के चारों कोनों की रस्सियों को खींचकर 45 डिग्री के कोण पर जमीन में खूंटियाँ गाड़ें।
- तनाव का नियंत्रण : पिछले अध्याय में सीखी गई तंबू फांस (Taut-Line Hitch) का उपयोग करके तंबू की रस्सियों को खूंटियों से बांधें। इस फांस की मदद से आप मौसम के अनुसार तंबू को आसानी से ढीला या कस सकते हैं।
- खाई खोदना (Trenching) : तंबू के चारों तरफ लगभग 6 इंच गहरी एक छोटी खाई (Trench) खोदें, ताकि रात में बारिश होने पर पानी तंबू के अंदर आने की बजाय खाई से होकर बाहर निकल जाए।

3. कैंप गैजेट्स का निर्माण (Making Camp Gadgets)

एक कुशल स्काउट या गाइड जमीन पर सामान बिखराकर नहीं रखता। पायनियरिंग कौशल (Square and Sheer Lashings) का उपयोग करके टोली अपने कैंप को सुंदर और सुव्यवस्थित बनाने के लिए लकड़ी के डंडों से निम्नलिखित गैजेट्स बनाती है:

- शू रैक (Shoe Rack) : जूते-चप्पलों को मिट्टी और नमी से बचाने के लिए जमीन से ऊपर उठाने वाला स्टैंड।
- बर्तन स्टैंड (Plate Rack) : भोजन के बर्तनों को साफ और सुखाने के लिए हवा में तैरता ढांचा।
- कोट हैंगर और कप होल्डर : तंबू के पोल पर छोटे बंधनों की मदद से कपड़े और मग टांगने की व्यवस्था।
- टोली का प्रवेश द्वार (Patrol Gateway) : प्रत्येक टोली अपनी रचनात्मकता दिखाने के लिए डंडों और रस्सियों से अपने कैंप एरिया के बाहर एक भव्य और कलात्मक स्वागत द्वार बनाती है।

4. कैंप हाइजीन और अपशिष्ट प्रबंधन (Camp Hygiene)

"एक स्काउट/गाइड अपने पीछे दो चीजें छोड़ जाता है—पहला, कुछ नहीं; दूसरा, धन्यवाद।" कैंप क्राफ्ट का यह सबसे बड़ा नियम है। प्रकृति को नुकसान पहुँचाए बिना कैंपिंग करने के लिए निम्नलिखित स्वच्छता नियम अनिवार्य हैं:

- गीला और सूखा कचरा पिट : रसोई के पास दो अलग-अलग गड्ढे बनाए जाते हैं। एक गीले कचरे (भोजन के अंश) के लिए और दूसरा सूखे कचरे के लिए। कैंप समाप्ति पर इन्हें वापस मिट्टी से ढक दिया जाता है।
- ट्रेन लैट्रीन (Trench Latrines) : अस्थाई शिविरों में स्वच्छता के लिए 'डीप ट्रेंच लैट्रीन' या 'शैलो ट्रेंच लैट्रीन' बनाई जाती है, जिसके पास सूखी मिट्टी और फावड़ा रखा जाता है। हर उपयोग के बाद मिट्टी डालना अनिवार्य है।

5. कैंप फायर (Camp Fire): अनुशासन और संस्कृति का संगम

दिनभर की कड़ी मेहनत, मार्चिंग और पायनियरिंग के बाद, रात के अंधेरे में जलती हुई आग के चारों ओर इकट्ठा होना कैंप फायर (Camp Fire) कहलाता है। यह केवल मनोरंजन नहीं है, बल्कि यह कलात्मक अभिव्यक्ति, अनुशासन और भाईचारे का प्रतीक है।

कैंप फायर के मुख्य नियम और आचार संहिता :

- कैंप फायर चीफ: शिविर का सर्वोच्च अधिकारी (जैसे जिला मुख्य आयुक्त या कैंप लीडर) कैंप फायर चीफ होता है। उनकी अनुमति के बिना आग नहीं सुलगाई जाती।
- प्रवेश और अनुशासन : कैंप फायर सर्कल (घेरे) को अत्यंत पवित्र माना जाता है। इसमें कोई भी व्यक्ति बीच से चलकर पार नहीं कर सकता। सभी को घेरे के पीछे से अपनी जगह पर जाना होता है।
- कार्यक्रम का स्वरूप : इसमें प्रत्येक टोली लोकगीत, देशभक्ति गीत, छोटे नाटक (Skits) और प्रेरणादायक प्रस्तुतियाँ देती है। इसमें फूहड़पन या अमर्यादित शब्दों का प्रयोग पूर्णतः वर्जित होता है।
- समापन (Camp Fire Yarn) : अंत में कैंप फायर चीफ एक छोटी, प्रेरक और नैतिक कहानी सुनाते हैं, जिसे 'यार्न' कहते हैं। इसके बाद सभी सदस्य शांत स्वर में 'स्कॉटिश विदाई गीत' (Auld Lang Syne) या 'राष्ट्रगान' गाकर बिना कोई शोर मचाए चुपचाप अपने तंबू में सोने चले जाते हैं।

जीवन का अंतिम दर्शन : तंबू से अनंत गंतव्य तक

मेरे प्रिय खोजी छात्रों, लेखकों और पाठकों, हमारी इस पुस्तक "गाँठ से गंतव्य तक" का यह अंतिम अध्याय जीवन की सबसे बड़ी सच्चाई को समेटे हुए है।

यह जो तंबू हम दो दिनों के लिए मैदान में गाड़ते हैं, यह हमें सिखाता है कि इस संसार में हमारा जीवन भी अस्थाई है। हम सब इस धरती पर कुछ दिनों के कैंप के लिए आए मुसाफिर हैं। जैसे हम कैंप में कम से कम सामान में खुश रहना सीखते हैं, वैसे ही जीवन में भी अनावश्यक इच्छाओं के बोझ को छोड़कर सादगी से जीना सीखना चाहिए।

एक अच्छा कैंपर वह है जो जब अपना तंबू उखाड़कर घर वापस जाता है, तो वह मैदान वैसा ही साफ-सुथरा और हरा-भरा छोड़कर जाता है जैसा उसे मिला था। ठीक उसी तरह, जब हम इस जीवन रूपी कैंप को पूरा करके अपनी अंतिम विदाई लें, तो हमारे कर्म ऐसे होने चाहिए कि यह समाज, यह देश हमारे जाने के बाद और अधिक सुंदर, शांतिपूर्ण और संस्कारवान बन सके। यही इस पूरी पुस्तक का संदेश है, और यही आपकी खोज का अंतिम गंतव्य है।

स्व-मूल्यांकन एवं अभ्यास (Exercise):

1. एक आदर्श स्काउट-गाइड कैंप साइट का चयन करते समय आप किन-किन भौगोलिक और सुरक्षात्मक बातों का ध्यान रखेंगे?
2. तंबू लगाने की चरण-दर-चरण विधि स्पष्ट कीजिए। उसमें 'खाई खोदने' (Trenching) का क्या महत्व है?
3. कैंप गैजेट्स से आप क्या समझते हैं? रसोईघर को व्यवस्थित रखने के लिए किन्हीं दो गैजेट्स के निर्माण की विधि लिखिए।
4. कैंप फायर (Camp Fire) की आचार संहिता और इसके नैतिक महत्व पर विस्तार से प्रकाश डालिए।

www.ingramcontent.com/pod-product-compliance
Lightning Source LLC
LaVergne TN
LVHW060044210926
848481LV00013B/3950